bőhlauWien

Damit es nicht verlorengeht ...

43

Herausgegeben von Michael Mitterauer
und Peter Paul Kloß

Barbara Passrugger

Mein neues Leben

Herausgegeben, bearbeitet
und mit einer Einleitung versehen von
Therese Weber

BÖHLAU VERLAG   WIEN · KÖLN · WEIMAR

Die Deutsche Bibliothek – CIP-Einheitsaufnahme

Passrugger, Barbara:
Mein neues Leben / Herausgeg., bearb.
und mit einer Einl. vers. von Therese Weber –
Wien ; Köln ; Weimar : Böhlau, 1998
(Damit es nicht verlorengeht . . . ; 43)
ISBN 3-205-98917-1

© 1998 by Böhlau Verlag Gesellschaft m. b. H. und Co. KG.,
Wien · Köln · Weimar

Gedruckt auf umweltfreundlichem,
chlor- und säurefreiem Papier.

Satz: KʟᴏssSᴀᴛᴢ, 2565 Neuhaus/Triesting
Druck: Imprint, Ljubljana

INHALT

EINLEITUNG
VON THERESE WEBER

Zur Entstehung und Bedeutung dieses Buches

Als ich im Sommer 1997 zum ersten Mal auf Besuch nach Filzmoos kam, stellte sich Barbara Passrugger mit den Worten vor: „Ich heiße jetzt Barbara Hofer." Ich war überrascht und fragte mich, wieso sie ihren Mädchennamen nannte, denn schließlich kannte ich sie seit fast fünfzehn Jahren nur als Barbara Passrugger.

Ich hatte sie im Rahmen meiner beruflichen Tätigkeit kennen- und schätzen gelernt. Von 1983 bis 1993 betreute ich die Dokumentation lebensgeschichtlicher Aufzeichnungen am Institut für Wirtschafts- und Sozialgeschichte der Universität Wien, die sich – unter der Leitung von Prof. Michael Mitterauer – zum Ziel gesetzt hatte, schriftliche Lebenserinnerungen als sozialgeschichtliche Quellen zu sammeln und wissenschaftlich auszuwerten. In dieser Zeit stand ich in Kontakt mit mehreren hundert Menschen, die ihre Lebensgeschichte geschrieben hatten, und korrespondierte mit ihnen.

Es waren oft Menschen aus einfachen Verhältnissen, die ich kennenlernte, die ich zum Schreiben oder zum Weiterschreiben ermunterte und zum Nachdenken über ihre Lebensgeschichte anregte. Diese Animations- und Sammelarbeit ging anfangs nur langsam voran. Viele fragten: „Ja, was soll ich denn schreiben? Was habe ich schon Besonderes erlebt? Wen interessiert das?"

Auch in der Wissenschaft wurde die populare Autobiographik nur wenig beachtet, standen doch bis dahin nur Lebensgeschichten von prominenten, historisch bedeutsamen Persönlichkeiten im Mittelpunkt der Forschung. Erst im Laufe der folgenden Jahre erkannte man, daß auch Menschen aus einfachen Verhältnissen viel zu sagen hatten, daß ihre subjektiven Aussagen wichtige historische Quellen darstellten. Dieser Paradigmenwechsel in der Geschichte setzte sich allmählich durch. Heute ist nicht mehr zu übersehen, daß immer mehr autobiographische Manuskripte veröffentlicht und Forschungen auf der Basis dieser Quellengattung durchgeführt werden. Inzwischen hat das Thema Lebensgeschichten in einer Vielzahl von Publikationen eine Bedeutung erlangt, die man sich vor fünfzehn Jahren nicht hätte vorstellen können.

Nach der Archivierung der ersten Manuskripte in der Dokumentation lebensgeschichtlicher Aufzeichnungen wurde die Idee geboren, die Lebensgeschichten einfacher Menschen zu veröffentlichen. Die Publikation von Maria Gremels ersten Aufzeichnungen „Mit neun Jahren im Dienst" begründete im Jahr 1983 die Buchreihe „Damit es nicht verlorengeht..." Maria Gremels Aufzeichnungen waren, wie viele andere, ursprünglich nicht für die Öffentlichkeit bestimmt, sondern nur für die Familie. Die Publikationsreihe erweiterte sich um eine große Zahl von Lebensberichten von Zeitzeugen, die bisher in der Geschichte als sprachlos gegolten hatten, denen man zum Teil sogar eine gewisse Schreibunfähigkeit unterstellt hatte. Die Buchreihe verfolgte die Absicht, Menschen aus einfachen Verhältnissen, aus Unterschichten und Randgruppen, eine Stimme zu geben, ihnen Gehör zu verschaffen. Das Konzept der Herausgeber sah auch wissenschaftlich kommentierte Sammelbände zu bestimmten alltagsgeschichtlichen Themen vor. Im Laufe der wissenschaftlichen Arbeit rund um die Dokumentation wurden öffentlichkeitswirksame Konzepte in Zusammenarbeit mit Institutionen der Erwachsenenbildung zum Thema „Alltagsgeschichte" umgesetzt, Gesprächskreise initiiert, sozialgeschichtlich orientierte Rundfunksendungen mit lebensgeschichtlichen Erzählungen im „Familienmagazin" und im „Radiokolleg" aufgenommen und die ersten Filme der Fernsehserie „Alltagsgeschichte" von Dr. Elizabeth T. Spira wissenschaftlich betreut.

Im Zuge all dieser Aktivitäten wurde man auf den Namen Passrugger aufmerksam. Barbara Passrugger meldete sich zum ersten Mal nach einem Aufruf in einer Radiosendung des „Familienmagazins" im März 1985, als es um das Thema Schule früher und heute ging. Sie griff spontan zum Telefon und erreichte Michael Mitterauer, der sich besonders angesprochen fühlte, weil er selbst während der letzten Kriegsjahre als evakuiertes Stadtkind in Filzmoos gelebt hatte. Daraus entstand eine enge und dauerhafte Freundschaft. Die ersten Jahre pflegte Michael Mitterauer die Kontakte, er korrespondierte mit Barbara, er besuchte sie auf dem Haidegg, einem Bergbauernhof in fast 1400 Metern Höhe über Filzmoos, und begleitete Dr. Spira zu den ersten Filmaufnahmen. Im Film „Keine Zeit für Zärtlichkeit" berichteten Barbara und einige andere ältere Menschen über ihre harte Kindheit.

Eva Tesar, eine Pädagogin, gestaltete für die Reihe „Damit es nicht verlorengeht . . ." einen Sammelband zum Thema Schule. Die Schulerinnerungen von Barbara paßten in diesen Band, der als siebenter der Reihe 1985 erschien. Barbara berichtete von weit zurückliegenden Erlebnissen in einem abgeschiedenen Gebiet, dem Bergbauerndorf Filzmoos der Jahre 1916 bis 1924.

Im folgenden Jahr interessierte sich Viktoria Arnold, die ebenfalls bei Michael Mitterauer studierte, für das Thema Elektrifizierung. In einem Projekt zum Thema „Als das Licht kam" suchte sie in der Dokumentation nach entsprechenden Aufzeichnungen, und sie bat alle, die schon im Kontakt mit dem Institut standen, ihre Erinnerungen zur Elektrifizierung schriftlich aufzuzeichnen. Auch hier wurde Barbara aktiv, sie schrieb in beeindruckender Weise über die Bedeutung von Strom im bergbäuerlichen Leben. Bei einem Treffen aller neunundfünfzig AutorInnen des Bandes „Als das Licht kam" (Band 11 der Reihe) in Wien kam es zur ersten Begegnung der Korrespondenten der Dokumentation. Viele waren überrascht, wie groß dieser Kreis inzwischen geworden war. Sie tauschten Gedanken und Meinungen aus, berieten sich in Arbeitskreisen und diskutierten zu ausgewählten Themen. Daraus gingen Freundschaften hervor, wie die von Barbara Passrugger mit Barbara Waß oder Heinrich Schneidler – zwei Autoren, die an mehreren Bänden mitgewirkt hatten – und auch mit den MitarbeiterInnen der Dokumentation. Dort lernte ich Barbara das erste Mal persönlich kennen und schätzen.

Im Jahr 1986 besuchte die damalige Studentin Ilse Maderbacher, die eine Diplomarbeit über bäuerliche

Lebens- und Arbeitswelten schrieb, Barbara Passrugger in Filzmoos. Sie hatte die schriftlichen Aufzeichnungen von Barbara in der Dokumentation kennengelernt. Aus den vorhandenen Aufzeichnungen und aus Transkripten von Gesprächen gestaltete sie einen Band mit dem Titel „Hartes Brot" (Band 18 der Reihe).

Ich traf Barbara zum zweiten Mal, als ich im Jahr 1989 mit Ilse Maderbacher, Michael Mitterauer und Erich Horvath vom Böhlau Verlag zur Präsentation ihres Buches in den Kralehenhof nahe Filzmoos eingeladen wurde. Barbara las erstmals aus ihrem Buch „Hartes Brot" vor, und die Gäste sowie die anwesenden Journalisten waren beeindruckt. Bald darauf erschien eine Buchbesprechung in den Salzburger Nachrichten, auf die ein Team des ORF aufmerksam wurde.

Einer der Hauptgründe für den Erfolg des Buches lag im persönlichen Auftreten Barbaras. Sie ging gern unter Leute, erzählte aus ihrem Leben, las aus den Büchern vor, berichtete begeistert von ihren Erlebnissen beim Bergsteigen und war voller Kommunikationsfreude.

Auch in der Dokumentation nahm im Zuge der immer größer werdenden Anzahl von lebensgeschichtlichen Aufzeichnungen der Bestand dieser Quellen zu und erlaubte die Drucklegung von weiteren Bänden in der Buchreihe, insbesondere auch Monographien von Menschen aus einfachen Verhältnissen, so die Lebensgeschichte eines Polizisten, einer Kräutlerin, eines Eisenbahners, eines Holzknechts, einer Sennerin, einer Ziegelarbeiterin und so weiter.

Daneben erschienen thematisch orientierte Sammelbände über „Mägde", „Knechte", „Ziehkinder"

11

oder Handwerksgesellen „Auf der Walz". Sie dienten der Rekonstruktion von historischen Alltagswelten, die dem raschen gesellschaftlichen Wandel unseres Jahrhunderts zum Opfer gefallen waren. Zusätzlich waren generationsprägende Gemeinsamkeiten für die Auswahl einiger Sammelbände ausschlaggebend, so das gemeinsame Geburtsjahr 1916 oder das Erleben von Kindheit im Ersten Weltkrieg.

Barbaras Lesungen wurden anfänglich von MitarbeiterInnen der Dokumentation betreut, später organisierte sie diese selbständig. Sie blieb in lockerem Kontakt zum Team der Dokumentation und entwikkelte ihre Art, aus Lebensgeschichte zu lernen, anderen davon zu berichten und ihnen beim Erzählen von lebensgeschichtlichen Erinnerungen zuzuhören. Allmählich erreichte sie einen hohen Bekanntheitsgrad, sie wurde zu zahlreichen Lesungen eingeladen und war in den Medien präsent. Durch ihre Begeisterung fürs Bergsteigen kam sie in die Sendung „Land der Berge", und sie las auch vor vielen Touristen in ihrem Heimatort. So entstand eine Eigendynamik, die von seiten der Dokumentation mit Freude beobachtet, aber nicht aktiv gefördert wurde.

Barbara Passrugger veränderte sich in diesen Jahren. Sie wurde selbstbewußter und nahm diese Form der Herausforderung zum Anlaß, um ihr Leben neu zu gestalten. Bei der Bewältigung des neuen Lebensabschnittes halfen ihr die schon früher ausgeprägten Eigenschaften wie Willenskraft und Seelenstärke. Diese Entwicklung verdankte sie nach eigenen Aussagen dem Schreiben. Das lebensgeschichtliche Schreiben und Erzählen stützte ihr Selbstbewußtsein und förderte ihre Erzählkompetenz. Sie schuf sich neue Freiräume, insbesondere nachdem sie in eine eigene Wohnung gezogen war und über ihre Zeit und ihren Lebensraum allein und ohne Existenzdruck verfügen konnte.

Zum Schreiben von weiteren Erinnerungen kam sie bei all dem Trubel immer weniger. Viele Reisen und das Entdecken neuer Welten füllten ihr Leben aus.

Georg Hellmich, der zuvor eine Diplomarbeit bei Michael Mitterauer über Bergbauern geschrieben hatte, unterstützte Barbara Passrugger bei der Arbeit am zweiten Teil ihrer Lebensgeschichte. Unter dem Titel „Steiler Hang" erschien der 27. Band der Reihe, vier Jahre nach der ersten Monographie. Barbara beschrieb darin die schwierigen Jahre ihres Lebens von 1946 bis 1983, die geprägt waren durch eine problematische Ehe, durch die Geburt von fünf weiteren Kindern, durch eine schwere Last an Arbeiten und Pflichten. In diesen Jahren blieb sie in ein enges Korsett geschnürt, dem sie selten entkam. Sie fand sich äußerlich mit dem Unvermeidlichen ab, im Bewußtsein, daß ihr Widerstand ungebrochen blieb. Einen bedeutsamen Einschnitt in ihrem Leben stellte eine Magenoperation im Jahr 1966 dar, bei der sie dem Tode nahe war. Das harte Leben ging weiter, aber sie wurde innerlich anders. Die erwachsenen Kinder verließen das Elternhaus, schließlich zog ihr Mann mit einer Tochter auf einen kleinen Hof in Oberösterreich. In diese Zeit fiel die Publikation ihrer lebensgeschichtlichen Erinnerungen.

Das Nachdenken und Sprechen über ihre Lebensgeschichte machte sie freier, sie wandte den Blick nach vorn und lernte, sich dem Leben hier und heute zu stellen. Aus den vielen menschlichen Begegnungen bei öffentlichen Auftritten zog sie ihren Gewinn, und zwar in mehrfacher Hinsicht. Die Popularität bescherte ihr neben dem Gewinn an Prestige und Lebensqualität auch einen gewissen Grad an ökonomischer Freiheit.

Ursprünglich war kein weiterer Band von Barbara Passrugger in dieser Buchreihe vorgesehen. Unzählige interessante lebensgeschichtliche Manuskripte anderer Menschen warteten auf eine Drucklegung. Viele Leser und Zuhörer fragten jedoch bei Barbara wegen einer Fortsetzung nach. Beim Lesen fielen ihr immer wieder Geschichten ein, die sie noch nicht zu Papier gebracht hatte. Andere erzählten ihr wie in einem Beichtstuhl von eigenen traumatischen Erlebnissen, und sie versuchte, diese aufzurichten, wann immer es ging. Oft erinnerten sie solche Erzählungen an eigene, zum Teil vergessene Erlebnisse.

Anstatt sich allein hinzusetzen und selber lebensgeschichtliche Erinnerungen zu Papier zu bringen, schrieb Barbara unzählige Briefe an viele Menschen, die sich nach Lesungen oder der Lektüre ihrer Bücher an sie gewandt hatten. Wie eine Sekretärin notierte sie die Beantwortung jeden Briefes, damit sie ja keinen übersah, schlichtete diese in Kartons und verwahrte sie zusammen mit den Fotos auf, die sie nach Lesungen bekam.

Das blieb so bis zum Sommer 1997. Schon seit Jahren hatte ich eine Einladung Barbaras, jetzt entschloß ich mich zu einem ersten längeren Besuch in Filzmoos. Ich arbeitete inzwischen nicht mehr in der Dokumentation lebensgeschichtlicher Aufzeichnungen. Ich besuchte Barbara privat, war ganz neugierig und hörte zu, ohne eine Verpflichtung einzugehen.

Barbaras Umgebung war völlig neu, sie lebte inzwischen in ihrer zweiten Wohnung am Ortsrand von Filzmoos, einer modernen Wohnung – wenig erinnerte an die Herkunft und die Tradition. Wo blieb die fest verwurzelte Bergbäuerin? Warum hieß sie nicht mehr Passrugger?

Später begriff ich, daß Barbara ein Stück Bergheimat mitgenommen hatte. In der Garderobe standen die Wanderschuhe neben mehreren Wanderstöcken, das Wohnzimmer beherrschten der alte handgemachte Schrank und die Kommode des Bruders Franz, die sich früher auf dem Haidegg befunden hatten. In der Küche fehlte der geliebte alte Bauernherd. An den Wänden hingen viele Fotos von den Bergen, von Freunden, und in der Ecke saß der präparierte Lieblingshund. Und natürlich lebten in ihrem Innern alle Erinnerungen weiter.

Auf die Frage, warum sie nicht mehr auf dem Haidegg wohne, erzählte sie mir von ihrer schmerzlichen Trennung vom Hof. Dieser Verlust hatte sie völlig unerwartet und schwer getroffen. Ausgelöst durch mehrere Faktoren kam es zum endgültigen Bruch mit dem Sohn, dem sie den Hof übergeben und den Haushalt geführt hatte. Sie entschloß sich daraufhin, das Haidegg zu verlassen und in eine Wohnung zu ziehen, zuerst in das Mesnerhaus im Zentrum von Filzmoos. Diese Entwurzelung hat sie erst nach langem überwunden.

Geschrieben hatte Barbara in der Zwischenzeit nur einige wenige lebensgeschichtliche Notizen, aber zu erzählen hatte sie vieles. So machte ich vorerst Tonbandaufnahmen, und ich stellte gezielt Fra-

15

gen über ihr Leben in den letzten fünfzehn Jahren in den Mittelpunkt. Es ergab sich ein Erzählfluß, der viel Neues zutage förderte und aktuelle Erlebnisse schilderte, aber auch immer wieder die Brücken zur Vergangenheit herstellte.

Diese Fülle von interessanten Erzählungen aus dem alten und neuen Leben beeindruckte mich tief, und ich faßte zu Hause den Entschluß, die Tonbänder zu transkribieren, um eine bessere Entscheidungsgrundlage für oder gegen eine Publikation zu haben.

Besonders motiviert hat mich die Tatsache, daß Barbara schildert, wie lebensgeschichtliches Schreiben auf die Persönlichkeit zurückwirkt, wie lebensgeschichtliches Erzählen andere zum Schreiben anregt und wie Erzählen und Schreiben in der Alltagswirklichkeit als sinnstiftend, als befreiend und als hilfreich erlebt werden.

Es ist nicht allein die Persönlichkeit Barbaras, die Menschen aus allen Bevölkerungsgruppen fasziniert, es ist auch ihre Überzeugungskraft, mit der sie die Bedeutung von lebensgeschichtlichem Erzählen und Schreiben vertritt. Hunderte schrieben ihr Briefe und Karten, einige besuchten sie in Filzmoos, andere schickten ihr nach den Lesungen Fotos.

Lebensgeschichtliches Erzählen und Schreiben als solches hat eine therapeutische Wirkung, die zur Auseinandersetzung mit der Vergangenheit anregt, Bildungsprozesse auslöst und Dialoge zwischen Jung und Alt in Gang setzt.

Ich war auch beeindruckt davon, wie Barbara ihr Alter bewertet. Sie widerspricht der herkömmlichen Vorstellung, daß der Höhepunkt des Lebens in ihrem Alter längst vorbei sei, daß es nur mehr bergab gehen könne, daß alles immer nur schlechter werde. Denn bei ihr ist genau das Gegenteil der Fall. Ihr Alter ist die Geschichte eines Aufstieges, wenn auch begleitet von manchen Rückschlägen.

Viele ihrer Erzählungen verknüpft sie mit Rückblicken auf die Traditionen, auf früheres Erleben, auf die Auswirkung von Erziehungsmaßnahmen, auf die Wurzeln ihres früheren Denkens und Handelns. Sie beschreibt Traditionen, die dem Wandel nicht standhalten, und meint, daß es gerade im Alter wichtig sei, unzeitgemäße Traditionen, die ihren Sinn verloren haben, zu überwinden. So macht sie die am eigenen Leib erfahrenen Lernprozesse für andere transparent, vielleicht auch nachvollziehbar.

Barbara erlebt im Alter neues Glück beim Schifahren oder Bergsteigen, ihr Horizont weitet sich durch die vielen Reisen zu Lesungen, und zugleich bleibt sie in der Heimat stark verwurzelt. Emanzipiert durch die Erfahrungen im neuen Leben, sieht sie sich zu einem Bruch mit jenen Traditionen veranlaßt, deren Sinn sie schon früher nicht einsehen konnte, denen sie sich aber damals unterwerfen mußte. Jetzt, im Alter, findet sie den Mut, diese Zwänge aufzubrechen und ein selbstbestimmtes Leben zu führen. Durch ihre neue Art der unkonventionellen Lebensgestaltung nimmt sie zwar in Kauf, von anderen als „spinnert" betrachtet zu werden, aber sie macht sich nichts mehr daraus.

Bei ihren Lesungen hat sie viele andere Menschen ermutigt, überholte Denkmuster aufzugeben und neue zu entwickeln. Diese Ermutigung sollen auch Leser dieses Bandes erfahren.

Besonders wichtig ist für mich Barbaras Beschreibung der Herausforderungen im Alter. Sie betont, wie wichtig es ist, dem Leben im Alter neuen Sinn zu verleihen. Es gibt kaum lebensgeschichtliche Erinnerungen, die über das Alter so eindrucksvoll informieren. Die meisten Menschen berichten in ihren lebensgeschichtlichen Erinnerungen über die Kindheits- und Jugendphase, manche reflektieren über das Berufsleben und das Erwachsenalter, aber nur sehr wenige beschreiben das Alter.

In unserer Gesellschaft wird die Lebensphase des Alters generell wenig thematisiert. Man spricht viel über die Themen Pensionsreform, Pflegebedürftigkeit oder Krankheiten alter Menschen, hört aber nur selten davon, wie alte Menschen ihren Alltag während einer oft jahrzehntelang dauernden Lebensphase gestalten können.

Es wird oft übersehen, daß die Definition von Alter schon problematisch ist. Wer ist ein alter Mensch? Für die Jugendlichen sind es oft schon die eigenen Eltern mit fünfunddreißig oder fünfundvierzig Jahren. Für andere ist die Zeit der Pension der Maßstab für das Alter. Tatsache ist, daß die Mehrheit der Menschen in den westlichen Ländern immer älter wird. Die durchschnittliche Lebenserwartung hat sich in unserem Jahrhundert fast verdoppelt – sie liegt derzeit bei Männern bei rund 74 Jahren, bei Frauen bei 80 Jahren. Immer mehr Menschen scheiden früher aus dem Arbeitsleben aus und erleben nach dem Zeitpunkt der Pensionierung eine weitere Lebensspanne von zehn, zwanzig oder dreißig Jahren. Diese „gewonnenen Jahre", die in der Generation von Barbara Passrugger erstmals voll zum Tragen kommen, gilt es, bewußt zu gestalten.

Welche Unterstützung bietet nun unsere Gesellschaft, diese Lebensspanne mit Sinn zu erfüllen, sie aktiv zu planen? Gibt es Hilfestellungen, diesen neuen Lebensabschnitt autonom zu gestalten, neue Zeitstrukturen zu finden und im privaten oder öffentlichen Bereich aktiv zu werden?

Gerade die Altersgruppe der heute über Siebzigjährigen, die in Zeiten aufgewachsen sind, in denen die freie Persönlichkeitsentfaltung nicht gefördert, sondern unterdrückt wurde, muß lernen, Individualität im Alter zu entwickeln und umzusetzen. Die Gruppe der älteren Menschen blieb von den sonst längst vollzogenen Individualisierungsprozessen in der Gesellschaft bisher eher ausgeklammert. Lebenslanges Lernen ist eine Haltung, die heute allmählich bei der jüngeren Generation reift. Bei älteren Menschen ist dieses Bewußtsein noch viel zu wenig verbreitet, und mit der Erhaltung der körperlichen Fitness allein ist es nicht getan. Es geht um die zentrale Frage, ob ein mit Sinn erfülltes Alter von den Betroffenen selbst gestaltet werden kann. Deswegen glaube ich, daß es eine wichtige Funktion dieses Buches ist, Menschen in dieser Richtung Mut zu machen. Barbaras Lebensgeschichte verdeutlicht, was lebenslanges Lernen in der Praxis heißt.

Barbara Passrugger ist in dieser Hinsicht innerhalb ihrer Generation eher eine Ausnahme. Für sie ist das Alter die schönste Zeit ihres Lebens, der „Himmel auf Erden".

Damit kann sie anderen ein Beispiel sein. Auch wenn Krankheiten und Alterungsprozesse manches nicht mehr erlauben und viele ältere Menschen nicht mehr so aktiv und rüstig sind, so können Willenskraft und aktive Lebensgestaltung, Anpassung an

Neues und die Suche nach Sinn helfen, das Alter positiv zu erleben.

Abschließend möchte ich einige Botschaften, die in Barbaras Lebensgeschichte thematisiert werden, den Lesern ans Herz legen, unabhängig davon, ob sie selber jung oder alt sind. Sie widerlegen oft gehörte Vorurteile, die mit dem Alter vor allem das Erleben von Defiziten verbinden.

Bei meinen Gesprächen mit Barbara entdeckte ich, daß ihr neues Leben durch besondere Jugendlichkeit geprägt ist, nicht im körperlichen, viel mehr im seelischen Bereich. Sie hat bereitwillig neue Trends, die ihr zusagen, aufgegriffen. Sie begann im Alter von sechsundsechzig Jahren wieder mit dem Alpin-Schifahren. Auch nachdem sie sich beim Schifahren verletzt hatte, gab sie diesen Lieblingssport nicht für immer auf. Sobald sie sich wieder erholt hatte, begann sie von neuem. Daneben ging sie Langlaufen, sie machte bei Seniorenwettbewerben erfolgreich mit. Im Winter 1998, mit fast achtundachtzig Jahren, absolvierte sie einen Schikurs mit den neuen Carving-Schiern.

Ähnlich ist es mit dem Bergsteigen. Sepp Forcher, der Barbara zu seiner Fernsehsendung „Klingendes Österreich" eingeladen hatte, rief sie zu ihrem achtzigsten Geburtstag an und fragte sie, ob sie wieder Lust zum Bergsteigen hätte. Barbara beantwortete diese Frage positiv, und bald darauf bot ihr ein Bergführer an, mit ihr große Bergtouren zu machen. Sie erklomm mit über achtzig Jahren den Dachstein, den Großvenediger, die Bischofsmütze und den Loser. Diesen Herausforderungen stellte sie sich besonders gern, waren ihr doch die Berge lebenslang eine

Heimat und eine Quelle der Freude. Sie wanderte auch viel in der Umgebung von Filzmoos, ging alte Wege und Steige und scheute sich nicht, nachts bei Mondschein allein spazieren zu gehen. Auf Einwände ihrer Kinder oder Freunde, daß das zu gefährlich wäre, meinte sie, sie fürchte sich nicht, und passieren könne ihr überall etwas.

Besonders jung wirkt sie dann, wenn sie von Lesungen erzählt, bei denen sie Herzlichkeit und Sympathie erfährt, sei es nun von jungen oder alten Zuhörern. Ganz besonders ins Herz geschlossen hat sie Kinder, denen sie gern von früher erzählt, weil es eine für sie unbekannte Welt ist. Dabei hinterläßt sie bei vielen einen bleibenden Eindruck, denn durch ihre Persönlichkeit und Ausstrahlung wirkt sie wie eine liebevolle und lebenskluge Großmutter.

Jahrzehntelang lebte Barbara auf einem Bergbauernhof, weitab von der Zivilisation. Sie plagte sich jahrelang ohne Strom und ohne Maschinen, sie mußte immer alles zu Fuß gehen. Bequemlichkeit, wie sie für uns heute selbstverständlich ist, genießt sie erst im Alter, und sie freut sich, daß sie nicht mehr einheizen muß, um zu kochen, daß es automatisch warm in der Wohnung ist, daß sie längere Zeit wegfahren kann, weil sie keine Rücksicht mehr auf die Kinder oder den Bauernhof nehmen muß. Barbara aber bleibt nicht in der bequemen Wohnung sitzen, sie liebt Reisen und hält sich bewußt fit und gesund.

Rückblickend verherrlicht Barbara nicht die gute alte Zeit, sie setzt sich mit deren Folgen auseinander und wägt Vor- und Nachteile von tradierten Einstellungen und Werten ab.

Barbaras Leitmotiv vom lebenslangen Lernen ist begleitet vom Verständnis für Änderungen und Wandel. Ihre Strategie zum Glück heißt Selbstbestimmung, in einer Mischung aus Widerstand und Anpassung.

Barbara kam, nachdem sie ihre vertraute Umgebung in ihrer Jugend für einige Jahre verlassen hatte, nach Filzmoos zurück und blieb ihrem Heimatort ein Leben lang treu. Nach dem Tod von Angehörigen und vielen ehemaligen Freunden hat sie nur noch wenige Bekannte oder Verwandte von früher. Dennoch ist sie im Alter nicht einsam, sie hat viele neue Freunde gewonnen, vor allem bei den Lesungen. Ich schätze an ihr, daß sie ausgesprochen kontaktfreudig ist und keine Scheu hat, auf fremde Menschen zuzugehen. Manchmal spricht sie Touristen im Ort an, dann wieder liest sie bei Lesungen vor vielen fremden Menschen und erzählt dabei mitunter auch über sehr persönliche Themen aus ihrem Leben. Oft muß sie sich dabei Fragen oder auch Kritik stellen, aber sie freut sich auf neue Begegnungen, aus denen sich über die Jahre hinweg tiefe Freundschaften gebildet haben. Das Wort Einsamkeit kommt in Barbaras Wortschatz nicht vor.

Die an eine Frau gestellten Rollenerwartungen übernahm Barbara von klein auf bis zu ihrem Eheleben weitgehend, wenn auch mit mancher, meist versteckter Kritik. Sie versuchte nur selten, aus ihrer Rolle auszubrechen. Auf die Überlastung als Mutter von sechs Kindern reagierte sie einmal mit Selbstmordgedanken, sie baute eine Mauer aus Arbeit und Schweigen um sich auf. Obwohl sie unbewußt andere Konzepte hatte, gab sie dem Ehemann nach. Eine

Scheidung kam aus sozialen und ökonomischen Gründen nicht in Frage, so lebte sie mit ihrem Mann jahrzehntelang in zwei getrennten Welten, in denen viel gearbeitet, aber kaum miteinander gesprochen wurde. Ihr Eheleben war geprägt durch die Arbeit, die Arbeit für sechs Kinder, die Arbeit in der Küche, die Arbeit auf dem Feld und im Stall. Auch die religiöse Erziehung der Kinder war ihr in dieser Zeit ein Anliegen.

Erst im Alter veränderte sie ihr Leben. Da sie innerlich bereits seit langem mit ihrem Mann gebrochen hatte, war sie froh, daß er mit der jüngsten Tochter nach Oberösterreich ging. Sie blieb mit 73 Jahren mit dem noch unverheirateten jüngsten Sohn allein auf dem Haidegg zurück.

Sie genoß die Freiheit, füllte sie mit bewußter Begegnung mit der Natur, führte dem Sohn zunächst den Haushalt, übergab ihm dann den Hof, arbeitete aber nach wie vor mit. Sie widmete sich Freizeitbeschäftigungen, die sie jahrelang nicht gekannt hatte.

Da der Gatte einer Scheidung nicht zustimmte, gab sie nach und blieb offiziell verheiratet. Im Jahr 1997 wurde sie Witwe. Bei einer Lesung brachte sie ein Zuhörer auf die Idee, ihren Mädchennamen anzunehmen. Dieser Gedanke gefiel ihr, sie stellte einen entsprechenden Antrag an die Behörden, und so heißt sie jetzt wieder Hofer.

Sie weigerte sich, ihre erwachsenen Kinder wie früher weiter zu bemuttern. Sie meinte, die Kinder wären alt genug, ihr Leben selbst zu gestalten. So redete sie bei der Partnerwahl der Kinder nicht mit, erlaubte die Zugehörigkeit zu einer anderen Religionsgemeinschaft, mit dem Hinweis, daß schon ihr Vater gesagt hatte: „Laßt jedem seinen Glauben!"

Heute steht sie mit ihren Kindern in gutem Einvernehmen und lebt in einem weitgehend intakten familiären Umfeld. Nur mit dem auf dem Haidegg lebenden jüngsten Sohn gibt es keinen Kontakt. Die Beziehungen zu ihren nicht in Filzmoos lebenden Enkelkindern, den Kindern ihrer Töchter, gestalten sich eher lose, die Söhne sind unverheiratet und kinderlos.

Seit der Übersiedlung ins Tal macht sie weniger Arbeit im Haushalt, sie kocht seltener, wird von Besuchern zum Essen eingeladen, geht auf Lesereisen. Beschwerliche Hausarbeiten übernimmt die Lebensgefährtin des ältesten Sohnes.

Mir hat es gefallen, daß Barbara trotz ihres Alters nicht nachgiebiger geworden ist. Sie kämpft um Ziele, die ihr wichtig sind, vor allem um ihre Autonomie, die sie in ihrem Eheleben besonders vermißt hatte. Auch als Pensionistin wollte sie ihrem jüngsten Sohn nicht nachgeben, und als er – ihrer Ansicht ungerechtfertigte – Forderungen stellte, lenkte sie im Streit um eine Stromrechnung nicht ein. Sie beharrte auf ihrem Standpunkt und entschloß sich ziemlich unvorbereitet, auszuziehen. Obwohl sie sich als Bäuerin ein Leben in einer Wohnung, noch dazu im Tal, kaum vorstellen konnte, entschloß sie sich, bei diesem Konflikt nicht nachzugeben. Als ihr der Sohn nicht entgegenkam, erfolgte der schmerzhafte Bruch. Sie war anfangs traurig und weinte oft. Ihre Willenskraft und ihr Stolz waren stärker, sie begann neu.

Allmählich überwand sie die Enttäuschung und erkannte die Vorteile des neuen Lebens. Sie zog aus dem anfangs negativen Erleben eine positive Bilanz.

Nie zuvor hatte sie so frei entscheiden und ihr Leben individuell nach eigenen Wünschen gestalten können, ohne Rücksicht auf traditionelle Rollenbilder und Zwänge nehmen zu müssen.

Barbara mußte in ihrem Leben viel Schweres und viel Leid ertragen, etwa schwierige Geburten und eine schwere Magenoperation im Jahr 1966. Sie war überzeugt, daß sich der Kummer und die Sorgen auf den Magen geschlagen hatten. Von da an begann sie bewußter zu leben, schluckte nicht mehr alles hinunter und begann langsam Widerstand zu leisten, insbesondere gegen ihren Mann.

Trotz eines Oberschenkelhalsbruches im Jahr 1991, eines Bruchs des Ellbogens im Jahr 1996 und diverser kleinerer Operationen an den Augen und an der Haut ließ sie sich nicht unterkriegen. Mit erstaunlicher Beharrlichkeit überwand sie Krankheiten und Rückschläge. Sie klagte nie über gesundheitliche Beeinträchtigungen, sie setzte diesen immer Aktivität und Willenskraft entgegen.

Barbara vergleicht das menschliche Leben mit der Natur, sie sieht sich im Winter angelangt. Aber sie genießt die Freuden des Winters, ohnen dessen Härten zu beklagen. Diese mentale Einstellung gibt ihr Kraft und Stärke. Sie hält sich fit, ernährt sich gesund und trachtet danach, ihre Beschwerden nicht so wichtig zu nehmen. Ihr Kopf ist nicht im Körper gefangen, er ist jung geblieben.

Viele Leute werden mit zunehmendem Alter gläubig, gehen mehr in die Kirche und bereiten sich innerlich auf den Tod vor. Sie finden ihren Rückhalt in der Religion und im Kirchgang. Für Barbara hat Religion eine andere Bedeutung. Mit zunehmendem

Alter vergrößert sich ihre Distanz zur Institution Kirche, sie kritisiert offen Mißstände, und sie wäre bereit, aus der Kirche auszutreten, wenn sie sich durch sie eingeengt fühlt. Dennoch bleibt ihr Leben von einer Frömmigkeit geprägt, die vom Glauben an Gott getragen wird. Überzeugt davon, daß ihr individueller Glaube vor Gott Gnade finden wird, auch wenn sie sonntags nie in die Kirche geht, bekennt sie sich zur Botschaft Jesu.

Sie geht oft auf den Friedhof, auch allein in die Kirche zu einem stillen Gebet, lehnt aber viele der kirchlichen Rituale ab und kritisiert die Ausgrenzung von Geschiedenen und Wiederverheirateten durch die Amtskirche. Auch andere Glaubensrichtungen haben für sie Geltung, wenn es ihnen gelingt, Beheimatung und Sinnfindung zu bieten.

Ich war auch von Barbaras Äußerungen zum Thema Tod beeindruckt. Schon in ihrer Kindheit mußte sie den Tod der leiblichen Mutter hinnehmen. Sie wuchs deshalb bei einer Ziehmutter auf. Der Tod ihrer Ziehbrüder im Ersten Weltkrieg traf sie schwer. Auch im Zweiten Weltkrieg kamen ihr nahestehende Menschen ums Leben. Zunächst fiel ihr Verlobter, dann auch zwei Brüder. Durch Todesfälle in der Familie wurde sie unerwartet zur Erbin vom Haidegg. Der Verpflichtung zur Erhaltung des Hofes unterwarf sie ihre persönlichen Wünsche. Durch ihren Arbeitseinsatz bis zum letzten gefährdete sie ihr eigenes Leben. Der klinische Tod nach ihrer Magenoperation war für sie ein besonders tiefes Erleben.

Seither steht sie viel bewußter auf der Seite des Lebens. Sie vertraut darauf, daß Gott ihr Ende schon richten werde. Der Tod ist für sie nur eine Frage des

Zeitpunktes, der sie vorläufig wenig interessiert. Sie freut sich sogar auf den Tod, da sie glaubt, dabei ein ähnliches Schwebegefühl wie beim Erklimmen von Gipfeln zu verspüren. Sie hat keine Angst vor dem Sterben und lebt glücklich. Angst hat sie nur vor einer möglichen Pflegebedürftigkeit und vor dem Dahinsiechen. Sie hofft auf einen gnädigen Tod, auf ein schnelles Sterben.

All diese Facetten von Barbaras Persönlichkeit faszinierten mich, ihre Gedanken regten mich an, ihre Willenskraft imponierte mir, ihre Lebensklugheit erstaunte mich, und ihre Herzlichkeit zog mich an. Deshalb machte ich mich an die Arbeit, sichtete ihre schriftlichen Aufzeichnungen, transkribierte die Tonbänder, wählte Fotos aus, stellte das Manuskript zusammen, hielt mit Barbara laufend Rücksprache und besuchte sie noch einige Male.

So entstand schließlich dieser Band, und er erhielt den Titel „Mein neues Leben", denn Barbara begann im Alter ein neues Leben, sie verließ ihren Bergbauernhof, brach mit Traditionen und stellte sich bewußt neuen Herausforderungen.

Wie Barbaras Persönlichkeit auch auf andere Menschen wirkt, soll folgender Brief demonstrieren. Er stammt von Lutz Maurer von der ORF-Redaktion „Land der Berge", der einen Film über Barbara gemacht hat. Er schrieb im Jänner 1998:

„Viel zu selten erlebt man als Journalist, als Fernsehredakteur, als Filmregisseur das Glück, Menschen zu treffen, die einen tiefen, nachhaltigen Eindruck hinterlassen.

In den 15 Jahren der „Land der Berge"-Sendung ist mir das nur wenige Male passiert. Meist waren es alte oder ältere Menschen: Viktor Frankl, der große Seelenarzt und gütige Mensch zählte zu ihnen; Joseph Braunstein auch, Musiker und Alpinist, der über 100 Jahre alt wurde; Herbert Tichy, Schriftsteller und Achttausender-Erstbesteiger, der in Asien zum Weisen reifte. Und eine Frau – Barbara Passrugger aus Filzmoos! Bis heute weiß ich nicht, was mich an ihr mehr fasziniert – ihre Güte oder ihr Kämpferherz.

Durch einen Bericht und ein Bild in den „Salzburger Nachrichten" auf sie aufmerksam geworden, hatte ich sie auf gut Glück auf ihrem Bauernhof Haidegg hoch über Filzmoos besucht. Wir verstanden uns auf Anhieb – es war wohl Sympathie auf den ersten Blick gewesen. Nichts Selbstverständliches in einer bäuerlichen Welt, die den Medien, dem Fernsehen oft reserviert gegenübersteht. Es waren erfüllte Tage, die das „Land der Berge"-Team Wochen später bei eher unwirtlichen winterlichen Verhältnissen auf Haidegg verbrachte, Barbaras einsames Leben dokumentierend und von ihr mütterlich betreut, versorgt und bekocht.

Ich werde nie den Schmerz vergessen, mit dem sie uns – aber ohne jede Bitterkeit – von ihrem an Wunden reichen Leben erzählte, nie den Glanz in ihren Augen vergessen, als wir mit ihr zur Dachstein-Südwand hinaufstiegen, wo sie uns von den Träumen ihrer Jugend erzählte. Träume, von denen sie sich mit beispielloser Zähigkeit einige erfüllt hat – wie die Begehung der himmelragenden Wand.

Diese Momente und auch der Widerhall, den ihre Erzählungen beim Fernsehpublikum fanden – über 1,5 Millionen sahen damals „Land der Berge", Passrugger war mit einem Schlag in ganz Österreich bekannt – sind mir Beweis, daß Persönlichkeit und Ausstrahlung, gelebte Phantasie und erlebte Träume, im Fernsehen auch heute allemal mehr zählen als Playback-Technik, Publikumswetten und Telefonspiele, als elektronische Spielerei und technischer Firlefanz.

Das Beglückende an der Begegnung mit Barbara Passrugger aber war für mich, daß daraus eine bleibende Beziehung wurde, eine persönliche Freundschaft – wie auch mit Viktor Frankl, Joseph Braunstein und Herbert Tichy – wuchs. Die drei starben vor der Zeit, leben nur noch in meiner Erinnerung, in meinem Herz. Dort hat auch die „Wawi" – Gott schenk ihr noch viele Jahre – ihren festen Platz gefunden."

Mein neues Leben

Präsentation – ein Fremdwort für mich

Zuerst ist mir das Wort „Präsentation" fremd gewesen. In Filzmoos war doch noch nie die Rede von einer „Präsentation", und als ich die Nachricht bekam, daß mein Buch mit dem Titel „Hartes Brot" gedruckt ist, hat mich gleich darauf Alfred Pachernig von der Buchhandlung Leykam aus Liezen angerufen, daß sie gerne eine öffentliche, feierliche Vorstellung meines ersten Buches machen würden.

Sie haben gemeint, wir sollten so gut sein und uns um ein Lokal dafür umsehen. Da haben wir dann zusammen diskutiert, mein Sohn Hans und ich oben am Haidegg, unserem Bergbauernhof. Ja, welches Lokal denn? Das war die Frage. Denn wir haben das Gefühl gehabt, es sollte ein nicht zu großes Lokal sein. Denn was soll man mit einem so großen Lokal, wenn zum Schluß niemand kommt? Wir haben ja gewußt, daß das für Filzmoos fremd ist. Und ich habe dann auch erfahren, daß diejenigen, die die Einladung bekommen haben, sich gefragt haben: Ja, was wird da eigentlich gemacht? Die sind da wirklich nicht im Bilde gewesen.

Wir haben dann geschaut um ein kleineres Lokal, das war das Gasthaus Kralehenhof mit ganz lieben Aufenthaltsräumen. Aber wie dann die Leute gekommen sind, war es viel zu klein, und viele haben keinen Platz mehr gehabt und haben wieder gehen müssen. Der Vertreter von Leykam hat das wirklich

Präsentation im Kralehenhof
(Barbara Passrugger und Therese Weber), Filzmoos 1989

recht schön gemacht, sie haben ein Buffet mit Kaffee und Kuchen gemacht, es hat auch eine musikalische Untermalung gegeben. Das hat den Besuchern auch recht gut gefallen, und es war wirklich schön. Für mich war das etwas ganz Neues, und es hat mir so richtig gut gefallen. Es kamen viele Freunde und meine Bekannten aus Wien, was mir natürlich auch viel Freude gemacht hat.

Ganz besondere Freude hat mir das Wiedersehen mit der Bearbeiterin dieses Buches, Mag. Ilse Maderbacher, mit dem Verleger sowie mit dem Herausgeber Prof. Mitterauer und seinem Team von der Dokumentation der Universität Wien bereitet.

Über diese Buchpräsentation war dann ein kleiner Artikel in den Salzburger Nachrichten, und diesen Artikel hat Lutz Maurer gelesen und so von meiner Erstbesteigung der Dachstein-Südwand erfahren.

Daraufhin hat er mich einmal in Haidegg besucht und sich umgeschaut, wie es hier aussieht. Er kam auch in das Haus herein und hat mich ausgefragt wegen dieser Tour, die ich in meiner Jugend gemacht hatte. Ich habe ihm alles ausführlich geschildert und erzählt, daß alles heimlich geschehen mußte. Später dann, Ende November, ist er mit dem Team von der Sendung „Land der Berge" gekommen. Sie mußten erst beim hiesigen Verkehrsverein fragen, wo ich wohnte. Die Frau im Büro sagte ihnen, wo die „Hoadög Wawi" wohnte.

Es waren fünf Männer, die haben dann oben am Haidegg gefilmt und einen Film für die Reihe „Land der Berge" gemacht. Das war für mich schon ein Erlebnis!

Sie haben mich vorher um Erlaubnis zum Filmen gebeten, und ich habe mir gedacht: „Naja, was ist denn da schon dabei, wenn sie ein bißchen filmen wollen oder Fotos machen." Denn ich hatte ja nicht viel Ahnung, was die Leute eigentlich tun. Sie sind sechs Tage geblieben und haben dauernd gefilmt und wirklich fleißig gearbeitet. Der vorletzte Tag war ein stürmischer Wintertag, mit einem argen Schneesturm. Erbarmungslos mußten wir hinaus zum Filmen. Bei den gewaltigen Windböen sah einer den anderen nicht mehr. Es war trotzdem schön. Am letzten Filmtag sind wir dann in die Neustadt hinaufgefahren zum Dachstein und haben auch dort wieder gefilmt. Sie haben einen wunderschönen Film zusammengestellt – von mir. In der Sendung war dann auch noch ein kurzer Beitrag über Snowboarden in Frankreich. Der Film war ganz einzigartig.

Die Filmleute haben meinen Sohn Hans und mich dann zur Pressevorführung des Filmes nach Innsbruck eingeladen. Das war so schön, der Film hat mich selbst sehr beeindruckt. Manfred Gabrielli hat mir das Gebäude des ORF in Innsbruck gezeigt, das war mir alles neu.

Am anderen Abend war ein gemütliches Beisammensein, und wir haben uns dann mit den Bergführern unterhalten. Da hat mich dann der Wolfgang Nairz, ein Innsbrucker, zum Heißluftballonfahren eingeladen, und zwar im Jänner, zu den Heißluftballon-Wochen in Filzmoos. Und als die Zeit dann gekommen war, habe ich mir gedacht: „Ich kann ja nicht sagen, ob das wirklich ernst gemeint war oder ob das nur ein Spaß war."

Im Jänner habe ich dann seinen Anruf erhalten, daß ich am folgenden Tag mit dem Ballon fahren kann. Da bin ich das erste Mal Heißluftballon gefahren, das war so schön, es hat mich sehr gefreut.

Beim Besuch in Innsbruck sind wir auch in den Tiergarten gegangen, in den Alpenzoo. Da habe ich so viel zum Schauen gehabt. Denn ich bin früher überhaupt nirgendwo hingekommen und habe so etwas noch nie so richtig gesehen. Ich bin an einem Käfig vorbeigegangen und habe gesehen, daß da ein Rabe drinnen sitzt, recht groß, größer als eine Krähe. Und plötzlich hat jemand gesagt: „Dableiben, dableiben!"

Ich habe mich umgeschaut und gedacht: „Wer ist denn das jetzt?" Mein Sohn war auch schon weitergegangen. Als ich wieder weitergegangen bin, hörte ich wieder: „Dableiben, dableiben!" Ich rief meinem Sohn Hans, daß da jemand schrie. Er kam dann zurück und sah auch niemanden. Er meinte dann, daß ich mich getäuscht hätte. Wir gingen also weiter und hörten wieder: „Dableiben!" Da sind wir erst draufgekommen, daß der Rabe das Sprechen konnte.

Danach sind wir zum Zug gegangen, und am Bahnsteig ist uns eine Frau nachgerannt. Sie weinte und sagte: „Ich habe den Film gestern gesehen, und, bitte, signieren Sie mir das Buch!" Ich war sehr gerührt, und ich habe mich gefreut. Daraufhin sind wir dann nach Hause gefahren.

Das Schreiben machte mich selbstbewußt

Durch diese Erlebnisse hat sich mein Selbstbewußtsein verändert. Ich bin viel stärker und mutiger geworden. Früher habe ich mir manchmal gedacht: „Das gehst du nicht an!" Ich habe mir das Buchschreiben schon sehr überlegt. Ich habe mich gefragt: „Ich, als nicht studierte Bergbäuerin, wie soll das gehen?"

Viele fragen mich heute noch, wie ich damals zum Schreiben kam. Ja, das kam so: Also, wie jeden Tag begann ich um fünf Uhr die Stallarbeit, sie dauerte bis sieben Uhr in der Frühe. Dann ging ich in die Küche, um für die Söhne das Frühstück zu richten. Nach acht Uhr konnte ich dann selber ungestört frühstücken und hörte mir immer im Familienmagazin die Radiosendungen an. Dabei kam ein Aufruf, es möchten sich Leute älteren Jahrgangs melden, die sich noch an die Kindheit und Schulzeit erinnern können. Ich dachte mir, daran könnte ich mich noch in vielen Einzelheiten erinnern.

Es wurde eine Telefonnummer angegeben, unter der man sich melden konnte. Ich habe gleich angerufen, aber es war besetzt und besetzt, drei-, viermal war das so. Da war es für mich klar, daß man nicht durchkommen konnte. Ich dachte mir dann: „Ist ja wurscht!"

Ich habe dann noch weiter Hausarbeiten gemacht und völlig vergessen. Ich kochte später das Mittagessen für die Buben, und es war noch nicht ganz zwölf Uhr, da fiel mir die Rundfunksendung wieder ein. Ich telefonierte und hatte das Glück, daß Prof. Mitterauer selbst am Telefon war. Ich sagte ihm, wer ich bin, mein Geburtsjahr und den Wohnort. Er war gleich begeistert und erzählte mir, daß er während des Zweiten Weltkrieges aus Wien evakuiert worden war und ausgerechnet in Filzmoos gelebt hatte und dort zur Schule gegangen war. Das hat mich natürlich angestachelt, und er meinte, ich sollte meine Erinnerungen an früher aufschreiben. Er gab mir die Adresse des Universitätsinstitutes und ich dachte: „Na und?"

Ich hatte gleich alles wieder bereut. Die Befürchtung, es nicht richtig hinzubringen und schreiben zu können, überkam mich.

Außer den Schreiben an die Landesregierung wegen unserer Baulichkeiten hatte ich seit Jahren nichts geschrieben. Aber sonst? Es gab nur Arbeit und nichts als Arbeit. Schreiben wurde nicht zur Arbeit gerechnet. Auch Lesen durfte ich, wenn überhaupt, nur zu später Nachtzeit. Lesen war meine Leidenschaft, aber ich kam selten dazu.

Nun erzählte ich meinen Söhnen von diesen Gedanken, und Franz redete mir gut zu und meinte: „Du hast uns schon einiges erzählt von deinen Erinnerungen und genau so schreibst du es auf, auch wenn es nur einige Seiten sind, und diese schickst du nach Wien. Was die damit machen, darum brauchst du dich nicht zu sorgen."

Ich habe dann einige Seiten über meine Kindheit und Schulzeit geschrieben. Ich war dann ganz überrascht, daß meine Erinnerungen an die Schulzeit positiv aufgenommen wurden. Es entspann sich ein regelmäßiger Briefwechsel mit Prof. Mitterauer und seinem Team. Schließlich wurden meine Aufzeichnungen im Band „Hände auf die Bank" von Eva Tesar mit mehreren anderen Schulerinnerungen abgedruckt. [Eva Tesar, Hände auf die Bank, Erinnerungen an den Schulalltag, Damit es nicht verlorengeht . . ., Band 7, Wien 1985, Seiten 160–172].

Als ich gelesen habe, daß mein Geschriebenes fast wortwörtlich gedruckt war, habe ich mich gefreut, etwas Anerkennung gefunden zu haben.

Bald darauf kam ein Team vom ORF unter der Leitung von Dr. Elizabeth T. Spira und machte den Film „Keine Zeit für Zärtlichkeit". Prof. Mitterauer hat das Projekt Alltagsgeschichte unter dem Titel „Modell Medienverbund" wissenschaftlich betreut und mich als geeignete Person empfohlen. Dieser Film drehte sich um die Kindheitserlebnisse von älteren Menschen, er handelte vor allem von Ziehkindern, die in ihrer Kindheit oft wenig Zärtlichkeit erfahren haben. Ich habe wie mehrere andere ältere Männer und Frauen aus meinem Leben erzählt. Der Film wurde vom ORF in der Reihe „Alltagsgeschichten" im Jahr 1985 ausgestrahlt. Daraufhin haben mich mehrere Bekannte angesprochen, ich habe aber darüber weiter nicht nachgedacht, denn ich war noch stark in die Arbeit am Bergbauernhof eingespannt.

Dann schrieb mich Frau Mag. Arnold an, eine Mitarbeiterin von Prof. Mitterauer, weil sie Beiträge für einen Sammelband zum Thema „Als das Licht kam" zusammenstellen wollte. Über dieses Thema schrieb ich gerne, denn diese Zeit war für mich sehr bedeutsam, und der Strom hat mein Leben ungemein beeinflußt, weil viele Arbeitsvorgänge in Haus und Hof dadurch viel leichter und schneller zu bewältigen waren. Ich konnte mich leicht zurückversetzen in jene Zeit, als auf dem Bergbauernhof noch kein Strom war. Auf dem Hof meiner Ziehmutter, am Bögrein, erlebte ich dann als junges Mädchen, welche Freuden mir das Licht brachte. Ich konnte lesen, elektrisch bügeln und vieles mehr. Dann kam für mich wieder die Zeit ohne Strom: zuerst am Rettenegg, auf der Alm natürlich sowieso, und auch noch, als ich aufs Haidegg kam, gab es keinen Strom. Unter großer Mühe und Plage bauten wir den Hof auf, und erst im Jahr 1957 hatten wir einen eigenen Stromanschluß. Das Buch mit dem Titel „Als das Licht kam" erschien 1986 (Viktoria Arnold, Als das Licht kam, Band 11, Wien 1986, Seiten 144–166), und alle Autoren und Autorinnen, die zu diesem Buch einen Beitrag geleistet

Autorentreffen „Als das Licht kam" in Neuwaldegg, Wien 1986
(Barbara Passrugger mit Marie Toth)

hatten, wurden nach Schloß Neuwaldegg eingeladen zu einem schönen Fest.

Dort traf ich auch die anderen älteren Menschen, die die Bereitschaft aufgebracht hatten, ihre Lebenserinnerungen zu diesem Thema schriftlich niederzulegen. Besonders gern denke ich an die Bekanntschaft mit Heinrich Schneidler, der seine Kindheitserinnerungen schon im Band „Häuslerkindheit" von Therese Weber publiziert hatte. Er sah aus wie ein Ebenbild von Kaiser Franz Joseph und kam aus der Nähe von Deutsch-Landsberg. Er war Knecht und später Bergmann gewesen und hat mich sehr beeindruckt. Ich habe mich mit ihm angefreundet und über viele Jahre ausführliche Briefkontakte mit ihm gepflegt. Noch nach seinem Tod besuchen mich sein

Sohn und die Schwiegertochter, die den alten Herren immer zu mir her begleitet hatten.

In Neuwaldegg gab es viele Gespräche mit anderen, überwiegend älteren Menschen, die in der Buchreihe bereits Teile ihrer Lebensgeschichte veröffentlicht hatten, und ich habe mich mit ihnen gut unterhalten und viel gelernt. Es gab auch Gesprächskreise zu den Themen Haushalt oder Waschen, und am Abend war dann in den Nachrichten ein Beitrag über die Neuerscheinung dieses Buches. Ich erinnere mich noch ganz genau, daß der damalige Nachrichtensprecher Robert Hochner plötzlich im Finstern saß und den Band mit den Worten ankündigte: „Als das Licht kam!"

Diese Erlebnisse haben mir sehr viel Mut gegeben, und ich habe daraufhin weitergeschrieben. Im Jahr 1986 war Ilse Maderbacher, eine Studentin von Prof. Mitterauer, bei mir in Filzmoos, um meine Lebensgeschichte bis zur Heirat umfassend darzustellen. Sie hat bei mir am Haidegg gewohnt, und wir haben uns damals gut verstanden. Sie war einige Male da, hat Tonbandaufzeichnungen gemacht und aus den Interviews und meinen geschriebenen Erinnerungen ein Buch zusammengestellt. Es erschien unter dem Titel „Hartes Brot". Der Titel entsprach meiner Lebenserfahrung. Es dauerte eine Weile, bis das Buch gedruckt vorlag, es ist im September 1989 erschienen (Barbara Passrugger, Hartes Brot, Aus dem Leben einer Bergbäuerin, Band 18, Wien 1989).

Bald darauf war dann die vorher beschriebene erste Präsentation in Filzmoos.

Von dieser Buchpräsentation sind Artikel in Zeitschriften erschienen. Die Zeitungen bekamen die

Filmleute vom „Land der Berge", und im Dezember 1989 sendete der ORF diesen Film.

Es folgten weitere Einladungen. Für mich war das alles ein ganz großes Erlebnis. Für mich wurde nach diesen Begebenheiten mein Leben bewegter, abwechslungsreicher, und ich bekam dadurch einen größeren Bekanntenkreis. Ich wurde schon öfter zu Lesungen eingeladen, da fuhr ich meist allein hin, nur die erste Zeit hat mich meine Tochter Barbara einige Male begleitet. Ich habe es immer genossen.

Meine Träume, die ich schon in der Kindheit hatte, wurden wahr. Zu meinem achtzigsten Geburtstag, am 1. Mai 1990, kam ein Glücksbringer zu mir. Sepp Forcher von der Sendung „Klingendes Österreich". Er machte ein Interview mit mir und fragte mich, ob ich mit meinen achtzig Jahren noch auf die Bischofsmütze klettern würde. Ich sagte: „Ja. Aber welcher Bergführer würde sich trauen, mit einer Achtzigjährigen auf die Bischofsmütze zu klettern?"

Ihm verdanke ich es, daß ich wieder zum Bergsteigen gekommen bin. In den 30er Jahren war ich viel mit meinem Bruder in den Bergen, und ich habe als erste Frau die Dachstein-Südwand bestiegen. Dann kam der Krieg, später gründete ich eine Familie und hatte Kinder. Da bin ich jahrzehntelang nicht mehr zum Bergsteigen gekommen.

Durch diese und weitere Erlebnisse hat sich vieles in meinem Leben geändert – nur damals konnte ich das nicht ahnen.

Ich bin in den letzten zehn Jahren, ich kann nicht sagen radikaler, aber gefestigter geworden. Ich habe mir gedacht, daß es mein größtes Glück war, daß ich zum Schreiben gekommen bin. Ich habe dadurch viele schöne Sachen erlebt, ich bin dadurch in jedes österreichische Bundesland gekommen, auch nach Bayern und habe dort richtig gute Freunde. Wir korrespondieren brieflich miteinander, und man hat dadurch viel zum Nachdenken und erlebt so viel. Die Leute, die zu einer Lesung kommen, sind sehr interessiert und richtig lieb, und man kann sich danach so gut mit ihnen unterhalten. Ich habe so viele freundliche Leute kennengelernt, die mich heute besuchen oder die mir schreiben – und das ist mir viel wert.

Und so habe ich Unannehmlichkeiten und Kummer über die Achsel geschmissen und lebe viel mehr in der Gegenwart. Ich lebe dadurch leichter, schöner und genieße das Alter, in dem ich bin, die Fähigkeiten zum Herumwandern und zur Naturbetrachtung.

Die Natur war schon immer das Größte für mich. Schon im Kindesalter, wo ich das noch gar nicht verstanden habe, hat mich die Natur getröstet. Zum Beispiel, als ich nicht mehr zur Schule gehen durfte, an dem Tag, als ich vierzehn Jahre alt geworden war – das war am 1. Mai 1924. Ich wäre halt so gerne gegangen, bis zu den Ferien, das war aber nicht möglich, weil es der Oberlehrer nicht erlaubt hat. Und da war ich so niedergeschlagen und habe geweint und nicht gewußt, wem soll ich klagen, damit mir leichter wird. Da bin ich in den Wald hinaufgegangen, oben am Bögrein, dort war eine große Fichte, bei der ich mich oft aufgehalten habe. Dort habe ich die Fichte umarmt und geweint und ihr gesagt, daß ich nicht mehr in die Schule gehen darf. Darauf wurde mir leichter.

Zu dieser Fichte bin ich immer viele Jahre lang gegangen, wenn ich Kummer hatte.

Das Schreiben hat mich als Kind schon sehr gefreut. Schon in der Schule habe ich unheimlich gern Aufsätze geschrieben.

Als Erwachsene habe ich sehr wenig geschrieben. Ich habe ein Tagebuch geführt, in den Jahren, wo ich verheiratet war. Aber ich bin nie zu einem Ende gekommen. Mir kam immer etwas anderes dazwischen. Da mein Mann nie geschrieben hat, habe ich alle Briefe verfassen müssen. Zum Beispiel die Korrespondenz mit der Landesregierung während der Bauzeiten.

Ich war schon immer eine leidenschaftliche Leserin und habe immer versucht, Lesematerial zu bekommen. Als Kind bekam man ja nichts zum Lesen, auch als Jugendlicher hat man nichts zum Lesen bekommen, außer den religiösen Sachen und Gebetbüchern.

Meine Ziehschwester hatte schon eine Illustrierte gehabt, aber da wurde sehr achtgegeben, daß ich sie nicht bekomme. Und unter der Woche habe ich versucht herauszufinden, wo die Illustrierte versteckt war. Manchmal war sie unter dem Kopfpolster, und ich habe sie mir stibitzt und bin dann am Sonntag zum Lesen in den Wald gegangen. Und so ist mir die Sehnsucht nach dem Lesen geblieben.

Ich habe früher keine Briefe geschrieben, außer meinem Jugendfreund; höchstens einmal Glückwünsche beantwortet.

Mein Mann hatte einmal einen Unfall und bekam Unfallrente. Als man sie ihm entziehen wollte, da er länger Bauer war, habe ich einen vier Seiten langen Brief geschrieben und alles genau erklärt. Er bekam dann die Rente weiter. Ich habe nur notwendige Briefe geschrieben.

Beim Tagebuch habe ich mitunter etliche Seiten weitergeschrieben. Da habe ich notiert, wenn ich wo hingegangen bin, wer mich auf der Alm besucht hat und was sich bei den Tieren ereignet hat, welche Arbeiten zu tun waren. Gefühle oder Gedanken aufzuschreiben, darauf wäre ich damals nie gekommen.

Heute ist das lebensgeschichtliche Schreiben und Erzählen sehr wichtig für mich, und ich schöpfe Kraft daraus, wenn es mir schlecht geht. Auf die Idee, mir meinen Kummer von der Seele zu schreiben, bin ich früher nie gekommen. Daß es eine heilsame Wirkung haben könnte zu schreiben, darauf ist in meinen Kreisen keiner gekommen. Das gab es früher meines Wissens nicht, daß einfache Bergbauersleute geschrieben hätten. Das hat sich keiner zugetraut, dieser Gedanke war jedem fremd. Es haben ja die meisten nicht einmal gelesen, von wegen erst geschrieben. – Früher ist das Schreiben immer verachtet worden.

Einmal in meinem Leben war ich wirklich ganz am Boden, ich wollte mich vor den Zug werfen und war schon auf dem Weg. Die Idee, sich vor den Zug zu werfen, ist mir im Kopf geblieben, aus der Zeit als ich Sennerin in Radstadt war. Eine Bäuerin von Radstadt, die ich gut kannte, hat sich nämlich vor den Zug gelegt. Das ist mir irgendwie in Erinnerung geblieben, daß das der schönste Tod sein müßte, weil man sofort weg wäre.

Als ich selbst auf dem Weg zum Zug war, weil es mir so schlecht ging, hat mir die Natur auch nicht mehr geholfen. Ich habe so schwarzgesehen, einfach schwarz, das ist, wie wenn man in die stockfinstere Nacht hinausgeht. Seitdem habe ich Verständnis für Leute, die sich selbst vernichten, die erleben schreckliche Sachen.

Ich war schon auf dem Weg. Auf einmal wurde es immer lichter, und ich dachte mir, was soll das? Das Licht wurde stärker und blendete mich und brachte mich auf den Gedanken zu fragen, was ich eigentlich tue. Ich habe mich gefragt: „Wo willst du hin? Was ist los?" Und das hat mich gerettet.

Meine Kinder kamen mir dabei wieder in den Sinn. Da hast du vorher keine Gedanken an deine Kinder, das ist furchtbar. Das ist alles aus dem Sinn.

Das war im Jahre 1957, als meine jüngste Tochter zwei Jahre alt war. Ich war damals so schwach nach der Geburt von der Maria, ich verlor viel Blut. Dann kam die nächste Tochter zur Welt. Dann habe ich durch den Nachbarn einen Abortus gehabt im vierten Monat. Dadurch wurde mein Körper sehr geschwächt, man verliert den ganzen Mut und kann einfach nicht mehr. Man fühlt sich so nutzlos, kann zu niemandem gehen. Zu meiner Schwägerin oder meinem Bruder hätte ich zwar gehen können, aber das wollte ich nicht. Man möchte niemanden mit hineinziehen. Dann hatte ich die Sorge, daß mein Bruder zu meinem Mann geht und ihm Vorhaltungen macht, daß ihm wenig an mir gelegen sei. Das wollte ich natürlich auch nicht. So war ich sehr vergrämt, das geht einem jeden so, der Selbstmordabsichten hat. Ich hatte keinen Mut und nichts mehr.

Ich kenne eine Frau, die habe ich einmal getroffen, wie sie am Bankerl gesessen ist und geweint hat. Ich habe sie gefragt: „Was ist denn los?" Sie hat geantwortet: „Ich will nicht mehr leben, da ist nichts mehr, was mich hält. Ich kann nicht mehr. Bei vielen Ärzten war ich schon." Ich habe geantwortet: „Da kann man sich nur selber helfen." Und das ist dann schon so, wenn man in der Dunkelheit versinkt.

Ich glaube, daß das Schreiben bei Depressionen helfen könnte. Damals habe ich ja noch gar nicht an das Schreiben gedacht. Wenn ich mich damals hingesetzt hätte und hätte meine Schwere zu Papier gebracht, wäre es sicher besser gewesen. Man kann sich irgendwie besser mitteilen – und wenn es auch nur für sich auf einem Blatt Papier ist. Das ist schon so, daß man sich wieder Mut macht, und man bringt auch viel Schlimmes aufs Papier.

Und es ist auch jetzt so, daß nicht alles rosig und problemlos ist, aber wenn ich mich hinsetze und schreibe, dann sind die Gedanken schon wieder weg, und es ist schon wieder irgendwie leichter.

Lesungen organisiere ich ganz alleine

Bei Lesungen wähle ich verschiedene Stellen aus meinen Büchern aus. Ich lese je nach der Gegend über verschiedene Begebenheiten. In Gebirgsgegenden lese ich mehr vom Almleben, vom Klettern und sonst mehr darüber, wie ich aufgewachsen bin. Ich denke schon vorher darüber nach, was für das jeweilige Publikum am besten passen würde.

Mir macht es immer Freude, wenn ich zu Lesungen eingeladen bin, und ich freue mich, wenn ich das Publikum sehe. Es sind zum größten Teil ältere Leute, es sind aber auch junge dabei.

Ich habe jetzt schon mehr Routine beim Lesen. Für mich selber sind die Lesungen meist nicht mehr so berührend, wie sie es anfangs waren.

Beim Lesen und beim Schreiben gewinne ich viel mehr an Selbstwert, weil ich mich freue, wie ich das zustande bringe, so ohne Studium. Und da fühlt man sich dann schon gut – ich will nicht übertreiben, daß man etwas zustande bringt, was vielleicht jemand anderem helfen kann. Mir haben schon viele gesagt oder geschrieben, daß sie meinen Mut bewundert haben und daß es ihnen geholfen hat.

Ich komme dann auch zu Bäuerinnen. Da unterhalten wir uns, und da erfahre ich auch Dinge, die mir noch nicht untergekommen sind. Manchmal leide ich darunter, wenn mir alte Leute erzählen, sie haben vom Hof gehen müssen, das berührt mich dann, da fühle ich oft sehr mit.

Einmal hatte ich zu einem Termin gleich zwei Lesungen versprochen, ich konnte aber nur zu einer Lesung gehen. Was also tun? So geschah es, daß mich mein Sohn Hans auf der Oberhofalm bei einer Lesung vertreten mußte. Nachher haben mir die Leute gesagt, daß er es sehr gut gemacht hat.

Bei den Lesungen lese ich ja nicht immer genau aus den Büchern vor, ich erzähle lieber frei weg. Am Anfang habe ich mehr gelesen, aber inzwischen erzähle ich mehr. Man hat mir auch gesagt: „Ja, die Barbara tut nur erzählen, die wird sich denken, lesen können sie das Buch ja dann selber, wenn sie eines kaufen."

Ich komme deswegen so ins Erzählen, weil ich dann anschließe, daß mir das Schreiben so viel gebracht hat.

Nach den Lesungen erzählen mir viele Zuhörer von ihrem eigenen Leben. Bei manchen bleibe ich auch über Nacht und habe Zeit für Gespräche. Da gewinne ich oft interessante Einblicke in das Leben anderer, mir vorher fremder Menschen.

Ich sage bei der Lesung allen, daß sie mich besuchen können, hier in Filzmoos. Das machen auch viele. Wenn sie zu mir zu Besuch kommen, erzählen mir viele von ihrem Schicksal. Mein Prinzip ist, daß ich allen Mut zuspreche, daß ich ihnen sage, sie sollen mehr Vertrauen haben und daß manches schließlich nicht so schlimm ist, wie es zuerst aussieht. Ich überzeuge sie davon, daß sie positiv denken sollen.

Schon am Haidegg haben mich Gäste angesprochen, die vorbeigingen, und wir haben uns unterhalten, aus manchen Begegnungen sind Freundschaften geworden.

Die meisten Menschen kenne ich von Lesungen. Die Lesungen gehen meistens von Frauenorganisationen, Volkshochschulen, Bildungshäusern, Schulen, Sparkassen oder Hotels aus. Insbesondere in Filzmoos werde ich oft von Hoteliers eingeladen, so vom Hanneshof, wo im November jede Woche eine Lesung war, von den Hotels Bischofsmütze, Eschbacher, Unterhof-Hotel, Oberhofalm und noch anderen Hotels.

Seit meiner Staroperation dieses Jahr fahre ich nicht mehr so gerne weg, und ich erzähle viel mehr als ich lese, weil ich nicht so sehr gut sehen kann. Deswegen lese ich oft hier im Ort, und die Zuhörer kommen von auswärts nach Filzmoos. Sehr oft sind es Touristen aus Deutschland. Sie kaufen dann meine Bücher, und im Kaufhaus Ledl gibt es eine billige

Taschenbuchausgabe, die sehr gern gekauft wird, so daß diese manchmal ausverkauft ist. Meist sind die Lesungen im Saal eines Gasthauses oder Hotels, aber auch in Schulen, Volkshochschulen oder im Altenheim. Auch im Pfarrsaal und sogar in einer Kirche habe ich schon gelesen.

Anfangs gab es einige Lesungen, die vom Team der Universität Wien aus organisiert und begleitet wurden, und zwar im Rahmen des Projektes Alltagsgeschichte. Inzwischen hat sich das total verselbständigt, und ich organisiere meine Lesereisen ganz alleine. Veranstalter rufen mich an, und wir vereinbaren alles weitere.

Es ist ein Unterschied, welches Publikum bei Lesungen anwesend ist. In einer Schule ist es anders wie in einem Altenheim. Es ist auch ein großer Unterschied, ob Männer dabei sind. Letztlich in Enns waren viele Männer anwesend, und ich habe sie gelobt, weil sie an dieser Veranstaltung so zahlreich teilnehmen. Ich mag es gerne, wenn auch Männer dabei sind. Ich habe ein Gedicht gemacht, von früher, als die Männer alles durften und die Frauen nichts, das lese ich oft vor. Es beschreibt auch, daß die Männer nicht wollten, daß die Frauen tratschen gingen, aber jetzt, durch die neue Technik des Telefons, da hat sich vieles verändert.

Mit achtzig wieder auf der Bischofsmütze

Mit meinen achtzig Jahren bin ich dann wieder zum Bergsteigen gekommen. Und das hat mir wieder so viel gebracht, das vergesse ich nie. Das kam so:

Sepp Forcher vom ORF hat aus meinem Buch erfahren, daß ich begeisterte Bergsteigerin war, das war 1990. Er ist zu meinem 80. Geburtstag gekommen, nachdem er mich angerufen hatte. Am Haidegg hat er mich dann interviewt, und zum Schluß hat er mich dann gefragt: „Würdest du mit deinen 80 Jahren noch auf die Bischofsmütze gehen?" Und ich hab dann gesagt: „Ja, das wäre mein Wunsch. Aber welcher Bergführer würde sich trauen, mit einer 80jährigen auf die Bischofsmütze zu klettern?" Ich habe weiter nicht mehr daran gedacht.

Es war dann die Rundfunksendung mit meinem Interview, und gleich darauf hat mich jemand angerufen. Er hat sich als Bergführer aus Altenmarkt vorgestellt. Er hieß Walter Unterberger und sagte, daß er mit mir auf die Bischofsmütze gehen würde. Ich habe ihm geantwortet: „Ja, ich kenne dich aber nicht." Er hat dann gesagt: „Ja, ich kenne dich auch nicht." Nach zirka vierzehn Tagen ist er gekommen und hat mir beim Besuch gleich gesagt, daß wir zwei auf die Bischofsmütze klettern werden.

Es ist dann etliches dazwischengekommen und hat sich verzögert. Ende September hat es sogar bis ins Dorf herunter geschneit, aber im Oktober ist dann das Wetter schön gewesen. Es ist der Südwind gekommen, jeden Tag war wolkenloser Himmel. Am 12. Oktober 1990 sind wir dann auf die Bischofsmütze geklettert. Das war für mich ein Erlebnis. Nach so langer Zeit, nach Jahrzehnten, war ich wieder auf der Bischofsmütze. Das war so schön.

So viele Erinnerungen an die vergangene Zeit lebten in mir wieder auf. Ich war vollkommen überzeugt, daß mir mein verstorbener Bruder Franz den Sepp Forcher geschickt hat und daß ich so auch zum

Bergführer gekommen bin, der meinem Bruder sehr ähnlich ist. Aber irgendwie war es doch anders als früher. In der Jugend hatten wir, sorglos, keine Gefahr bedacht, erkletterten die höchsten Gipfel. Aber jetzt, im Alter, sehe ich das alles ganz anders. Viel eindrucksvoller und dem lieben Herrgott aus ganzem Herzen dankbar, die wunderschöne Natur in der Freiheit der Berge wieder zu erleben.

Von der Großen Bischofsmütze ist Anfang September 1993 ein Stück weggebrochen. Darüber war ich traurig. Ich habe dann aus diesem Anlaß ein Gedicht geschrieben:

> Bischofsmütze, genannt die große,
> warum wird dein Gestein so lose?
> Du wirst doch nicht unter die Modetorheiten gehen,
> um schlank und geschmeidig auszusehen?
>
> Nein, nein und hundertmal nein,
> laß bloß das wieder sein!
> Du bist in aller Menschen Herzen
> und dein anders Aussehen würde sehr schmerzen.
>
> Du hast mir erleichtert oft meinen Kummer und Sorgen,
> wenn ich meine Blicke richtete zu dir schon am Morgen.
> Ich trag dich im Herzen auf all meinen Wegen,
> du bist für mich ein himmlischer Segen.

Mit meinem Bergführer habe ich dann ausgemacht, daß wir einmal auf den Dachstein gehen werden. Nächstes Jahr, im Sommer 1991.

In meiner Jugend war das Bergsteigen für Mädchen verboten, es wurde von mir heimlich getan. Dann begann der Weltkrieg, und 1946 habe ich geheiratet. Dann war es sowieso aus. Anschließend bekam ich meine Kinder. Mein Bruder war, durch den Krieg bedingt, auch nicht mehr am Klettern interessiert.

Die Filzmooser Frauen gehen eher nicht klettern. In Neuberg gibt es eine Frau, die Führungen macht.

Beim Klettern hatte ich früher keine Konditionsprobleme, auch mit meinen achtzig Jahren hatte ich da kein Problem. Es ist nicht anders gewesen als früher. Vielleicht, daß ich im Schritt etwas langsamer war, aber sonst hat mir das überhaupt nichts ausgemacht. Vor dem Gipfel sind uns zwei Filzmooser begegnet, die auf dem Rückweg waren. Wir hielten uns eine Stunde auf dem Gipfel auf und haben uns mit zwei Gröbminger Männern unterhalten. Mit diesen habe ich mich später befreundet, ich habe schon zweimal dort gelesen, und sie besuchen mich auch hier in Filzmoos.

Wir haben uns am Gipfel gegenseitig fotografiert und beim Runterklettern haben wir die zwei Filzmooser wieder eingeholt. Nach dem halben Weg waren wir bereits vor ihnen.

Mit achtzig auf der Bischofsmütze, Barbara Passrugger und der Bergführer Walter Unterberger, Filzmoos 1990

Ich habe mir dann im Winter beim Alpin-Schifahren den Oberschenkelhals gebrochen. Das war am 21. Februar 1991. Ich lag im Spital, und auf einmal kam mein Bergführer mit zwei Krücken herein! Ich dachte, daß ich mir das nur einbilde, ich konnte das gar nicht begreifen. Er als Schilehrer hatte sich einen ganz schwierigen Knöchelbruch zugezogen.

Im November fuhr ich zur Kontrolle ins Unfallkrankenhaus. Ich hatte schon Beschwerden, und der Arzt sagte mir, daß mit meinem Fuß etwas nicht in Ordnung wäre. Ich wurde stationär behandelt.

Der Rettungsfahrer redete mir gut zu, und er brachte mich am anderen Tag wieder in das Krankenhaus. Nach den Untersuchungen stand fest, daß ich wieder operiert werden mußte, die Nägel und Schrauben kamen heraus, und eine neue Hüfte wurde mir eingesetzt.

Es ist alles gut vorübergegangen, und knapp vor Weihnachten konnte ich wieder nach Hause. Seitdem geht es mir gut, ich habe keine Beschwerden, dank der tüchtigen Unfallärzte im Krankenhaus Schwarzach im Pongau.

Damit habe ich mich nicht zufriedengegeben. Ich bin ja wirklich sehr stur, und oftmals sture ich etwas nach, vielleicht ist das deshalb, weil ich im Sternzeichen ein Stier bin. Ich habe mir damals eingebildet, daß ich vielleicht doch auf den Dachstein hinaufkommen könnte. Wir sind dann wirklich gegangen, mein Sohn, der oben am Haidegg ist, seine Freundin und ihr Bruder. Wir sind mit der Gondel hinaufgefahren aufs Hunerkogelhaus und dann über den Gletscher hin bis zum Einstieg. Und dort ist es mir wegen meines Fußes nicht mehr möglich gewesen zu klettern.

Mir tat es leid, und ich war sehr traurig. Dann sind wir wieder zurückgegangen und mit der Gondel hinuntergefahren und nachher hinüber zur Dachsteinsüdwandhütte. Und da war es so herrlich, genau so wie am 31. August im Jahr 1931. Es war der 60. Jahrestag von unserer Südwandkletterei auf der Steiner-Route. Davon erzählte ich meinem Bergführer.

Der Sonnenuntergang hat die ganze Südwandseite wie in Gold getaucht, und das hat mir halt dann wieder einen Aufschwung gegeben, und es ist wieder alles leichter gewesen. Es war keine Rede mehr davon, daß wir hinaufgehen hätten wollen, und ich hätte es wirklich nicht geschafft mit meinem Fuß.

Im Jahr 1991 konnte ich also wegen des Oberschenkelhalsbruches nicht klettern und im nächsten Jahr war auch nichts.

Im Jahr 1992 planten wir wieder Touren, aber das Wetter war nicht das beste, wir kamen auf keinen Gipfel, nur zu den Füßen der Berge machte ich mit meinen Urlaubern Wanderungen: Von der Hofpürglhütte am Linzersteig zum Sulzenhals, von der Oberhofalm über den Steiglpaß zum Gosausee, vom Sulzenhals zum Rauhen-Eck durch das Tor zur Dachsteinsüdwandhütte. Das sind lange und anstrengende, aber schöne Bergwanderungen.

Ja, und im 93er Jahr ging es sehr gut. Am 18. August waren Walter, der Bergführer, Petra, David, Davids Freund und ich auf dem Dachstein. Ich war überglücklich, nach Jahrzehnten wieder auf dem Dachsteingipfel zu stehen. David hat einen schönen Film gemacht.

Nun, weil mir die Dachstein-Kletterei so gut gelungen ist, schwirrte mir schon seit längerer Zeit der

Großvenediger im Kopf herum. Zu dieser Begeisterung brachte mich ein guter Freund aus Vorarlberg, der schon öfter den Großvenediger bestiegen hatte. Ich lernte ihn bei einer Lesung kennen, er zeigte mir Bilder, erzählte mir davon und schilderte mir alles so schön.

Davon erzählte ich meinem Bergführer, und er wollte die Großvenedigertour mit mir machen. Meine Begeisterung und Bergleidenschaft wurden immer stärker. Wenn Besucher kamen, habe ich erzählt, was ich vorhatte. Es waren einige, die diese Tour schon gemacht hatten. Alle aber sagten: „Schlag dir doch diese Flausen aus dem Kopf! Mit 83 Jahren auf den Großvenediger! Daran kannst nur du denken."

Nach solchen Reden war ich traurig, und eine schlaflose Nacht folgte. Aber am anderen Tag waren wieder der Mut, die Begeisterung und die Leidenschaft dazu da. Zu meiner großen Freude bekam ich am Abend des ersten September einen Anruf von meinem Bergführer. Er sagte: „Morgen um acht Uhr bin ich bei deinem Haus, und wir fahren dann ab zur Großvenedigertour."

Es war der 2. September 1993. Wie habe ich mich gefreut! Vor lauter Glückseligkeit hatte ich eine fast schlaflose Nacht. Er war ganz pünktlich da, aber bei mir kam noch einiges dazwischen. Walter sagte: „Das ist eine Zweitagestour, und auf das Defreggenhaus kommen wir noch zeitig genug."

Die Fahrt ging dann in den Oberpinzgau, dann durch den Felbertauerntunnel nach Osttirol in den Ort Hinterbichl, und von dort sind wir mit dem Taxi zur Johanneshütte gefahren. Nach einer guten Jause marschierten wir um halb zwei Uhr zum Defreggenhaus. Auf dem Weg dahin begegneten uns einige Touristen, und sie sagten, sie waren am Großvenediger. Walter sagte: „Wir besteigen den Gipfel morgen." Sie meinten, daß das Wetter schlecht werden würde. Ich faßte das als einen Witz auf, weil der Himmel dunkelblau und ohne Wolken war. Wir gingen unseren Weg weiter und waren um fünf Uhr im Defreggenhaus. Wir bekamen Tee und wurden gestärkt mit gutem Essen.

Danach ging Walter vor das Haus, und ich beobachtete ihn, wie er besorgt herumschaute. Er kam herein und meinte, wir sollten noch heute auf den Großvenediger gehen. Ich war gleich bereit, und wir gingen los. Zuerst zur Anhöhe vom Defreggenhaus, und danach ging es gleich weiter. Nach kurzer Zeit ging der Mond in einer riesengroßen Scheibe auf, es war Vollmond, und man konnte auf dem schneeweißen Gletscher kein Dunklerwerden erkennen. Wir stapften wacker weiter, machten mal kurz Rast und waren um halb zehn nachts am Gipfelkreuz des Großvenedigers!

Es war überwältigend, zauberhaft und so romantisch schön, unmöglich, es zu beschreiben! Wir waren alle fünfe – der Bergführer, seine Freundin, sein Sohn David, Davids Freund und ich – überglücklich. In unserem Glück sangen wir aus ganzem Herzen das Lied „Großer Gott, wir loben dich". Ich hatte ein Schwebegefühl, man fühlt sich aus dem Körper. Das war unsagbar herrlich.

Nach einer halben Stunde mußten wir wieder an den Rückweg denken. Es ging uns dabei ganz gut, und um zwölf Uhr waren wir wieder auf der Anhöhe zum Defreggenhaus, immer begleitet von hellem Mondenschein.

Beim kurzen Aufenthalt durch das Abnehmen des Seiles bemerkte ich, daß weit weg eine Wolkenbank zu sehen war. Ich dachte mir aber weiter nichts.

Glücklich und zufrieden kamen wir zum Defreggenhaus. Einige Leute waren noch in der Gaststube, wir bekamen Tee und Suppe. Danach ging Walter aus dem Haus und sagte beim Hereinkommen: „Es schneit wie mitten im Winter." Das glaubte ihm keiner. Dann wußten wir, daß wir am nächsten Tag nicht mehr auf den Gipfel gekommen wären.

Bei Lesungen in Tirol redete ich oft mit Bergbegeisterten über eine Tour auf den Wilden Kaiser. Für mich war der riesige, schöne Gebirgsstock beim Anblick schon sehr beeindruckend, und meine steten Gedanken waren beim Wilden Kaiser. Es traf sich, daß zwei nette Herren aus Maissau, die ich schon länger von ihren Urlauben in Filzmoos kannte, mir meinen Wunsch erfüllen wollten. Das war schon eine große Freude. Wir fuhren nach Völs in Tirol, dort kannte ich von einer Lesung einen Bauern, der ein Buch über seine vierjährige Kriegsgefangenschaft im Zweiten Weltkrieg geschrieben hatte. Meine Begleiter waren ganz begeistert von den netten Bauersleuten. Sie haben sich bei Kaffee und Kuchen bestens unterhalten, nur ich war nicht immer ganz bei der Sache. Es war wunderschönes Wetter, und vom Balkon des Hauses hatte ich einen herrlichen Blick auf den Wilden Kaiser. Mit Sehnsucht schaute ich hinüber, und am 25. September 1994 ging mein Wunsch in Erfüllung. Mit meinen Bergführern Walter und Petra gingen wir von Going auf die Gaudeamus-Hütte, da übernachteten wir und gingen in der Früh über das Ellmauer Tor.

Im Sommer 1995 sind wir, Walter und ich, auf den Stoder-Zinken geklettert. Das ist ein schöner Aussichtsberg. Man kommt an einem kleinen, aus Holz gezimmerten Kirchlein vorbei und an einem Rosegger-Denkmal.

Im folgenden Jahr ging es mir nicht gut. Am 31. August, dem Jahrestag unserer ersten Dachsteinkletterei, hatte ich am Morgen gleich Sehnsucht, zumindest in der Nähe des Dachsteins zu sein, um in die Südwände hineinzusehen. So ging ich gleich am Vormittag auf den Wöslauriedl hinauf, weil von da aus ist das möglich. Es war nicht ganz schönes Wetter, aber kein Regen. Der Dachstein war wolkenfrei. Ich war glücklich.

Am späteren Nachmittag machte ich mich wieder auf den Rückweg. Ich habe mich gefreut über meine schöne Wanderung. Aber nun kam das Unheil. Vor unserer Haustür rutschte ich von einer Stufe ab, und ich fiel rücklings auf den Ellbogen. Mein Ellbogen- und Beckenbruch waren perfekt. Da war ich schon traurig. Anstatt auf die Berge zu gehen, mußte ich nun schon wieder ins Unfallkrankenhaus nach Schwarzach. Ich wurde von guten Ärzten und lieben Schwestern betreut. Es ist alles wieder gut ausgeheilt, und ich erholte mich.

Im Jahr 1997 wollten wir auch eine große Tour machen. Mein Bergführer hat mich angerufen, daß er am nächsten Tag in die Schweiz fahren wolle. Walter, seine Freundin und noch ein Bergsteigerfreund sind beim schönsten Wetter Ende August gekommen. Es war keine Wolke am Himmel, das herrlichste Wetter. In der Nähe von Zermatt nahmen wir ein Zimmer, am Abend sind wir spazierengegangen,

Bergwanderung am Loser mit Freunden aus Maissau,
Bad Aussee 1997

und es war der herrlichste Anblick, die Berge haben geleuchtet im Abendsonnenschein. Wir wollten aufs Breithorn, einen Berg über viertausend Meter, gehen. Am anderen Tag war es finster, es regnete, und der Nebel fiel ein. Da waren wir sehr enttäuscht, und wir gaben es auf. Walter hat mich getröstet und gesagt: „Aufgeschoben ist nicht aufgehoben."

In diesem Jahr bin ich öfter mit Urlaubern auf höhere Almen und Hütten gegangen. Dann einmal mit der Familie Schubbauer und einer Frau aus Bad Aussee auf den Loser. Ein lang gehegter Wunsch ging in Erfüllung. Ich habe mich gefreut. Der Loser ist ein schöner Aussichtsberg, und auch das Wetter war herrlich. Wir trafen liebe Leute, die mich kannten, es gab ein Plauscherl, wie immer, wenn Bergbegeisterte zusammentreffen. Wir machten noch einen Besuch bei den Wirtsleuten Ladner am Grundlsee. Die kenne ich seit einer Lesung. Da ging es mir so gut, das bleibt mir unvergeßlich.

Das ist für mich die Frage, ob ich bis ins kommende Jahr durchhalten werde, ob ich noch gesund genug sein werde im Jahr 1998.

Eigentlich kenne ich ja niemanden, der in meinem Alter noch auf so hohe Berge klettert – und eine Frau schon gar nicht. In meinem Alter liegen viele schon unter der Erde, oder sie können nicht mehr aus dem Haus.

Ich liebe die Berge, denn meine Gefühle am Berggipfel sind unbeschreiblich. Ich hatte auf dem Gipfel ein Gefühl, ich weiß nicht, wie ich es genau beschreiben soll. Es ist so komisch beim Bergsteigen. Je höher ich hinaufkomme, desto leichter wird mir. Und ich habe auch die komischen Gefühle, ich kann es ja nicht erzählen, ich kann es niemandem schildern, wie das ist.

Auf dem Dachstein habe ich das schon einmal gespürt, aber ich habe mich nicht recht ausgekannt, was das ist. Mir ist eben so komisch zumute gewesen, überhaupt auf dem Dachstein. Da habe ich einerseits so eine riesige Freude gehabt, daß ich wieder auf dem Dachstein bin, andererseits – und da habe ich an meinen Bruder gedacht, da sind mir gleich die Tränen gekommen. Und gleichzeitig die unmögliche Freude, daß ich wieder auf dem Dachstein bin. Und da, ich habe nicht so recht gewußt, warum mir so komisch war.

Als ich am Großvenediger war, beim ersten und beim zweiten Mal, da hatte ich wieder noch viel mehr dieses Gefühl. Das ist ein Schwebegefühl, da spürt man keinen Körper, auch keinen Boden unter den Füßen, und da befällt einen so eine Leichtigkeit und so ein Gefühl, und das ist so schön. Und ich stelle mir immer vor, das wird das gleiche Gefühl sein, wenn ich von der Welt Abschied nehme, das wird so ähnlich sein wie beim Sterben.

Das erste Mal sind wir in der Nacht auf den Großvenediger gegangen, beim Mondschein, das war so wunderschön, wie der Mond das Gipfelkreuz beschienen hat und wie die Eiszapfen wie Strahlen ausgeschaut haben – das hat dann wie Silber im Mondschein geglänzt, und das war so herrlich.

Und das zweite Mal waren die Filmleute vom „Land der Berge" mit, das war am 21. September 1993, und das erste Mal war der 2. September. Beim zweiten Mal hatte ich auch wieder dieses Schwebegefühl. Dabei sehe ich auch keine Leute, ich bin für mich ganz alleine, und ich spüre mich selber nicht mehr im Körper.

Ich weiß nicht, ob andere Bergsteiger dieses Gefühl kennen. Ein Bergsteiger hat mir einmal bestätigt, daß er auch solche Gefühle hat. Bei einer Lesung ist er zu mir gekommen und hat mir erzählt, daß er dieses Gefühl auch einmal auf einem Berggipfel gespürt hat.

Auf dem Wilden Kaiser und auf dem Stoder-Zinken hatte ich dieses Schwebegefühl nicht verspürt.

Bei Lesungen erzähle ich ja mitunter davon, weil ich darüber noch nie geschrieben habe.

Die Bergausrüstung war früher ganz primitiv. Man hatte ja auch sonst nichts. Früher haben wir stark genagelte Schuhe oder nur Kletterpatschen getragen, die haben unten eine Hanfsohle gehabt, die recht gut gegriffen hat auf dem Stein. Aber so richtig gute Bergsteigerschuhe wie heute hat es nicht gegeben.

Auch die ganze Ausrüstung gab es nicht. Mein Bruder hat bei der Besteigung der Dachstein Südwand nichts mitgehabt als einen Pickel und ein Seil, und eine Zitrone und Zuckerstückerl zur Stärkung. Sonst hat man nichts gehabt.

Ich habe das Glück gehabt, durch meine Beziehung zum Schmiedemeister, daß er mir vorher einen Trainingsanzug gekauft hat. Den habe ich dann angezogen. Denn als Frau hat man früher ja überhaupt keine lange Hose gehabt, nicht einmal eine Unterhose.

Ich hatte schon früher Gelegenheit, auf den Dachstein zu gehen, weil mein Bruder ja Bergführer war, und da ist es leichter gegangen. Wenn sie zu Hause gewußt haben, daß er eine Bergtour hat, dann habe ich von der Alm aus mitgehen können. Als Sennerin auf der Alm hatte man die Freiheit.

Und da habe ich nur einen Kittel, das ist ein weiter Rock, angehabt, aber keine Unterhose, die gab es damals nicht. Das war ja gerade das Gefährliche, daß man keine Unterhose anhatte, das war ja überall gefährlich.

Nach dem Schulaustritt mit vierzehn Jahren haben die Dirndln auch nicht mehr Schifahren dürfen, das war verboten. Es hat mir niemand die Gründe für dieses Verbot erklärt, es hieß nur: „Das ist verboten!" Ich habe damals auch nicht verstanden, warum das verboten war. Ich weiß nur, daß ich fürchterlich unter diesem Verbot gelitten habe.

Aber man hat das als Mädchen alles hinnehmen müssen, und da habe ich mir Jahre später gedacht, daß die fehlenden Unterhosen der Grund für dieses Verbot gewesen sein mußten. Es hätte ja sein können, daß man einen Sturz hätte, der Kittel über den Kopf geflogen wäre – ja, und die Buben, die hätten ein Mädchen dann unten völlig nackt gesehen.

Früher gab es Almpartien und Winkeltänze

Früher durfte ein Dirndl nichts tun. Großjährig wurde man erst mit einundzwanzig Jahren, und vorher hat ein Dirndl zu keiner Unterhaltung gehen dürfen. Und da war es so, daß bei Bauerntöchtern der Vater, wie es bei mir gewesen ist am Rettenegg, erlauben mußte, wenn ich zu einer Almpartie gehen wollte.

Einmal ist ein Bursch gekommen und hat gefragt, ob ich zu einer Almpartie mitgehen dürfte. Da hat mein Vater nein gesagt. Und ich wäre halt so gerne gegangen. Nachher bin ich auf die Weiberleutkammer gegangen und habe mir gedacht „Heute laß ich mich den ganzen Tag nicht mehr sehen", weil ich halt doch eingeschnappt war. Und da ist nach einiger Zeit der Vater dahergekommen, hat bei der Kammertür hereingeschaut und gesagt: „Wawi, du darfst mit dem Hans in die Sulzenalm hineingehen." Und ich frech und verärgert, wie ich war, sagte: „Nein, ich gehe nicht." Ich wollte in die Bachlalm gehen. Da ist er in die Kammer gekommen und hat mir eine zünftige Watsche gegeben.

Weil das so schwer gegangen ist, daß ich da auf die Alm mitgehen konnte, als ich bereits Sennerin auf dem Rettenegg war, da habe ich mit einer befreundeten Sennerin ausgemacht, sie schickt mir, wenn sie weiß, daß eine Almpartie ist, die Nachricht, daß sie ein Kalb nicht findet oder daß eines krank ist, und ich solle kommen, um ihr zu helfen.

Na, einmal ist von der Tresl die Post gekommen, ich müßte mit einer bestimmten Arznei zu einem kranken Vieh kommen. Ich bin hingekommen, und bei der Wöhrerhütte war dann die Gaudi, die Almpartie. Da war es so lustig, da sind so viele zusammengekommen. Der Großberg-Sepp, mein Spielmann, der mein Freund gewesen ist, weil er so gut spielen konnte, und wir haben getanzt, und es war so lustig. Und da ist es halt doch spät geworden, nach Mitternacht haben sich alle paarweise verzapft, und da ist kein Vater mehr gewesen zum Aufpassen.

Ich bin mit dem Großberg-Sepp heimgegangen. Und ich habe ihn nicht weitergebracht, weil er dauernd mit der Sennerin Miarzl geschmust hat, er hat ein Techtelmechtel mit ihr gehabt. Ich habe versucht, ihn anzutreiben, und bin schon ungeduldig gewesen, weil es schon so spät war. Schon war es zwei Uhr, als wir auf dem Almweg waren, einem geschotterten Weg. Da waren über den Weg sogenannte „Trischiebel", das sind Querrinnen aus Holz, da ist der Sepp dann drübergestolpert. Ich habe ihn dann hochgezogen. Er hatte beim Sturz die Zähne verloren, und ohne sein Gebiß hat er furchtbar ausgesehen. Wir haben dann in der Finsternis nicht mehr lange gesucht und beschlossen, am nächsten Tag in der Früh zu suchen, weil wir das Gebiß beim Suchen in der Finsternis vielleicht zertreten hätten. Ich wollte die Dirn bitten, das Frühstück zu machen, und wollte dann um die Heimkuh, das ist die einzige Kuh, die im Sommer für die Milchversorgung auf dem Hof bleibt, gehen und dabei dann geschwind zu dieser Stelle laufen, um die Zähne zu suchen. Sepp mußte zu seiner Arbeit jeden Werktag mit dem Rad nach Eben fahren, auch samstags.

Ich habe mich dann noch kurz hingelegt, konnte aber nicht einschlafen, weil es schon so spät war und der Vater zur Kammertür gekommen ist und geschrien hat: „Wawi, aufstehen! Sofort! Du mußt heute zum Zwiesler hinausgehen zum Schneiden." Das war ein Bauernhof, der eineinhalb Stunden vom Rettenegg weg war. Ich habe mir gedacht: „Na Servus! Ich sollte ja gehen, um die Zähne zu suchen."

Die Dirn wollte dann auch nicht das Frühstück kochen, so daß ich selber Frühstück kochen mußte. Dann habe ich mir gedacht, ich müßte doch einen Ausweg finden. Ich bin dann zu meinem Ziehbruder ins Bögrein, da mußte ich ohnehin vorbeigehen, und habe ihm die Geschichte mit dem Gebiß erzählt und gebeten, für mich zu suchen. Er hat gerade vor dem Haus die Sensen gedengelt und hat versprochen, das für mich zu tun. Er hat auch die Gegend gut gekannt, weil er ja Gemeindejäger war. Ich habe ihm die Stelle genau beschrieben.

Am Abend, als ich dann zurückkam vom Schneiden beim Zwiesler, es war schon gegen Herbst und bereits finster, da bin ich zum Bögrein, und mein Bruder, der Jirgei, hat wirklich die Zähne gefunden. Und ich war richtig froh darüber. Ich hatte dem Sepp versprochen, daß ich ihm die Zähne abends bringen werde. Wie ich zum Großberghof gekommen bin, war im Haus schon alles finster. Und ich habe mich gefragt, wo denn der Sepp wäre.

Ich wußte, seine Schlafkammer war im Parterre, und da habe ich beim Fenster geklopft. Er hat sich aber nicht gerührt. Ich habe dann seiner Schwester gerufen. Sie ist dann zum Fenster gekommen und hat geschimpft: „Was ist denn los? Bei der Nacht ist auch noch keine Ruhe!" Ich habe sie gefragt, wo denn der Sepp wäre. Sie hat geantwortet. „Ja, ich weiß das nicht. Nach dem Nachtmahlessen hat er gesagt, er gehe ins Rettenegg hinunter."

Na, dann wußte ich, daß er am Rettenegg war und ich am Großberg. Ich habe dann eine Abkürzung genommen, die ich gut kannte. Wie ich zur Nähe vom Rettenegg kam, war dort auch alles finster. Ich bin gleich in meine Kammer gegangen, die Dirn war schon im Bett und hat mir erzählt, daß der Großberg-Sepp schon da war und mir zum Zwieseler entgegengegangen war. Da wußte ich, daß wir aneinander vorbeigegangen waren und uns verpaßt haben. Ich habe mir dann gedacht, daß er mir heute mit seinen Zähnen zehnmal den Buckel hinunterrutschen könnte. Heute wollte ich nichts mehr tun. Fast die ganze Nacht vorher hatte ich getanzt, dann den ganzen Tag schneiden, und jetzt sollte ich vielleicht noch mit den Zähnen herumwandern?

Ich habe dann die Zähne auf das Nachtkastl gelegt, bin sofort eingeschlafen und muß tief und fest geschlafen haben. Auf einmal weckte mich die Dirn und meinte. „Wawi, Wawi, der Sepp schreit dauernd nach dir." Zuerst habe ich mich überhaupt nicht ausgekannt, was denn los wäre. Aber dann bin ich schlagartig wach geworden, weil ich gehört habe, daß der Vater über den Balkon hinunter geschimpft hat. Und wie er geschimpft hat: „Schau, daß du verschwindest, du Sau-Falott! Bei der Nacht herumschwirren, und beim Tag nicht fähig zum Arbeiten!"

Und er hat weiter geschimpft. Ich habe dann die Zähne genommen und bin zum Vater auf den Balkon gegangen und habe gesagt: „Vater, ich habe die Zähne vom Sepp. Die will er haben." Der Vater hat dann geantwortet: „Nein, mit so einer Ausrede kommt ihr zwei heute nicht mehr zusammen. Schau, daß du in dein Nest kommst, und der da unten soll verschwinden!" Ich habe dann zum Vater gesagt: „Schau, ich habe ja die Zähne hier." Er hat dann geschaut und gemeint: „Ja, Zähne sind das schon, aber wer weiß, wem sie gehören." Ich habe ihn dann gebeten, daß er ihm die Zähne hinuntertragen sollte.

Er hat die Laterne, die er in der Hand hatte, gehoben und die Zähne genauer angeschaut. Dann ist er doch hinuntergegangen, hat dem Sepp die Zähne gegeben und genau aufgepaßt, ob ihm diese auch paßten. Der Sepp hat den Mund weit aufgerissen und ihn davon überzeugt, daß es seine Zähne waren.

Solche Vorfälle sind halt eben passiert, aber alles war mehr heimlich. Es ist ja nichts erlaubt worden, vor allem den Dirndln nicht, da hat man alles heimlich machen müssen.

Da hat es auch Winkeltänze gegeben. Die Jugend ging zu Bauern, die abseits standen, nicht oft zur Kirche kamen und irgendwie im Winkel lebten. Zusammen mit einem Spielmann gingen sie zu diesen Bauern, nachdem sie sich angekündigt hatten. Es war ein Brauch, der nicht so gerne gesehen war, weil er von der Jugend ausging. Bei den Bauern, wo es ein bißchen lustiger war, da sind alle heimlich zusammengekommen, da war ich auch öfter mit dabei. Da war es immer ausgesprochen lustig, so lustig, wie man eben als Junger ist. Wir wurden dort auch gut bewirtet mit Fleischsuppe oder Krapfen.

Aber sonst gab es ein Verbot für alles. Und ich freue mich heute noch darüber, daß ich zu solchen Unterhaltungen gehen und mit Freunden zusammentreffen konnte, daß ich das erlebt habe. Denn die anderen haben oft gar nichts gehabt von ihrem Leben.

Die Jugendzeit ist vergangen mit lauter Arbeit und wieder Arbeit. Früher ist alles heimlich gewesen, das war aber nicht besser. Da sind dann die ledigen Kinder von den Dirnen und Knechten die Folge gewesen. Und diese ledigen Kinder waren besonders arm, meist waren es Ziehkinder, deren Schicksal vorbestimmt war.

Als ich dann verheiratet war, da gab es überhaupt keine Freizeit mehr für mich. Es war so viel Arbeit, im Haus, in der Küche, im Stall, auf den Feldern, auf der Alm, im Wald, im Garten und nicht zuletzt mit den sechs Kindern. Ich kannte keine Freizeit und keinen Urlaub.

Erst nach meiner Magenoperation im Jahr 1966 begann ich umzudenken. Nach meinem klinischen Tod habe ich mir gedacht, daß es so nicht weitergehen konnte. Ich war überzeugt, daß mir das bisherige Leben diese Krankheit eingebracht hatte, weil ich alles in mich hineingefressen hatte. Und ich begann allmählich, mich innerlich umzustellen. Ich bin gelegentlich auf Unterhaltungen gegangen, habe meine früheren Freunde in Radstadt und Altenmarkt besucht, wo ich früher lange Jahre lebte. Da habe ich meinen Mann gar nicht mehr gefragt, und er hat sich beschwert, weil ich nicht mehr auf ihn hörte. Denn er wollte nicht, daß ich irgendwo hinfahre. Da habe ich zu ihm gesagt: „Du tust mir wirklich leid, daß du mich geheiratet hast und von Eben hereingegangen bist. Das hast du alles selber wollen. Und jetzt mußt du hinnehmen, was ich tue." Das hat er schwer eingesehen, und er hat eine meiner Freundinnen, die öfter zu mir kam, die Frau Ledl, ausgeschafft, das heißt, des Hofes verwiesen, weil er geglaubt hat, daß die mich „verzaht", das heißt, zum Fortgehen verleitet hat. Sie war Geschäftsfrau im Kaufhaus Ledl, ich bin dort einkaufen gegangen und habe mich mit ihr unterhalten.

Dann war da noch meine Ziehschwester, zu der bin ich so gerne gegangen. Das hat mein Mann auch nicht wollen und behauptet, daß sie mich aufhetzt.

Diese Freiheit habe ich mir schwer geschaffen, aber mein Mann hat nichts mehr machen können. Er war von meiner Aussage betroffen, er hat sich nicht mehr mit mir ausgekannt. Das hat dazu beigetragen, daß er später mit der Tochter vom Haidegg weggegangen ist.

Er hat dann für die Tochter einen Bauernhof gekauft, die Tochter wollte nicht hinziehen, da ist er dann selber hingezogen.

Die tatsächliche Freizeit hat begonnen, als mein Mann vom Haidegg weggezogen war. Es hat mir keiner mehr etwas dreingeredet, wenn ich irgendwo hingehen wollte. Das war die von mir gewünschte Freiheit, und das habe ich schon die ganze Zeit gehabt, daß ich gerne unter Leute gegangen wäre. Und ich habe nicht eingesehen, warum das falsch sein sollte.

Ich habe auch nichts Schlechtes darin sehen können, daß ich hinaus in die Natur oder in die Berge ging. Deswegen habe ich meine Freiheit so geschätzt.

Es hat nie ein anderer Mann eine Rolle dabei gespielt. Was uns am meisten getrennt hat, waren die verschiedenen Interessen. Gemeinsam war nur, daß wir aufs Haidegg gehörten, daß wir gemeinsam arbeiteten, fleißig waren und alles aufbauten. Sonst nichts. Er hat nicht getrunken, nicht geraucht, ist in kein Gasthaus gegangen, das muß ich ihm zugute halten. Aber er hat nie in Gesellschaft sein wollen, hat sich nie in die Gemeinschaft eingefügt.

Stricken oder Schreiben? Das ist die Frage

Obwohl ich jetzt viel Freizeit habe, wird mir die Zeit sogar zu kurz. Das Schreiben freut mich nicht immer. Es gibt Tage, da will ich das Schreiben nicht. Auch Lesungen mache ich nicht immer. Manchmal habe ich gar keine Lust dazu.

An solchen Tagen stricke ich dann. Das ist für mich wieder einmal das Leben von früher. Das brauche ich manchmal. Da stricke ich dann wie früher drauflos, auch ein Nachtjackerl. Da hat sogar meine Tochter gestaunt, daß ich das noch so zusammenbringe in meinem Alter. Aus dicker, echter Schafwolle stricke ich mir dann im Sommer Socken für den Winter, die sind warm. Und ich brauche sie recht gut, und wenn ich hier in der Wohnung bin, dann komme ich aus den Socken nicht heraus.

Manche meiner Besucher haben das gesehen, und haben sich auch solche Socken bestellt. Für manchen stricke ich dann Socken. Nachher ist alles wieder gut. Dann geht es wieder. Vor allem, wenn es einen Tag schlechtes Wetter gibt, dann stricke ich.

Stricken oder Schreiben? Filzmoos, 1998

Ich gehe fast jeden Tag hinaus, irgendwohin in die Natur. Das ist für mich wie eine Nahrung, das brauche ich, das geht mir ab. Auch wenn das Wetter schlecht ist, halte ich es nicht länger als einen oder höchstens zwei Tage herinnen aus. Dann kann es Eisenkeile schneien, und ich gehe trotzdem hinaus. Ich bin aber immer allein bei meinen Wanderungen. Eigentlich gehen die Einheimischen nicht viel wandern. Auf den Steigen, die ich noch von früher kenne, treffe ich keinen Menschen. Manche haben mich schon darauf hingewiesen, daß ich bei meinen einsamen Wanderungen allein bin, wenn mir etwas passiert, und daß mich auch niemand so schnell finden würde. Auch wenn ich manchmal zu jemandem sage, wohin ich gehe, überlege ich es mir zwischendurch anders und schlage einen anderen Weg ein. Meistens gehe ich zwei oder drei Stunden. Manchmal gehe ich hier erst spät weg, so um fünf Uhr, dann gehe ich zum Kleinberg, zum Halsegg, wo der Großberg-Lift geht, und dann hinten runter zum Mooslehen-Lift und zur Mooslehen Höhe und nachher zum Seniorenweg oder zum Hallmoos-Rundweg und zurück zur Wohnung.

Früher bin ich natürlich bei der Arbeit als Sennerin und auf dem Hof dauernd gegangen und hatte für Wanderungen weder Zeit noch Verständnis. Man war ohnehin meistens bei der Arbeit im Freien, ja, und dann gab es den Haushalt mit den Kindern.

Früher habe ich viel mehr gestrickt, eigentlich immer gestrickt, wenn das ging. Sogar die Wolle habe ich gesponnen. Das Stricken konnte man jedem zeigen, das konnte auch jeder gut brauchen, und ich wäre nie auf die Idee gekommen, mir etwas fertig Gestricktes zu kaufen. Das hat es nicht gegeben.

Aber mit dem Schreiben, auf diese Idee bin ich von selber nicht gekommen. Es war ja schon das Lesen mehr oder weniger verboten. Das mußte man oft heimlich machen. Es gab ja auf dem Land keine Bücher oder Zeitschriften. Als junger Mensch hätte man sich vor anderen nicht zu lesen getraut, das wäre ja reine Zeitverschwendung gewesen, beim Lesen konnte man ja nicht arbeiten. Und wem hätte das Lesen genutzt? Das war ja auch eher verdächtig.

Ich habe früher viel gestrickt, das hatte einen Sinn. Wenn ich mal gelesen habe, dann hat es schon geheißen: „Das ist ja keine Arbeit. Schau, daß du dies oder jenes tust! Du verplemperst ja die Zeit! Das geht nicht!"

Ans Lesen war untertags gar nicht zu denken, nicht einmal an einem Sonntag hätte man sich in der Stube hinsetzen können, um in Ruhe zu lesen.

In diesem Punkt hat sich vieles verändert, viele Menschen lesen, und in letzter Zeit schreiben auch viel mehr ältere Menschen. Bei meinen Lesungen sage ich allen, daß ich das Aufschreiben der eigenen Lebensgeschichte nur empfehlen kann. Ich sage zu niemandem: „Das sollst du oder mußt du tun!" Ich gebe nur den Rat, daß irgendwie etwas im Schreiben drinnen ist. Entweder man teilt den anderen etwas mit, oder man behält es für sich selbst, oder es bleibt in der Familie und ist für die Generationen, die nach einem kommen. Oder man hat selbst so eine Befriedigung darüber, weil man etwas hat, das bleibt. Und ich sage jedem, daß ich das Schreiben empfehle, insbesondere in schweren Stunden. Und ich glaube schon, daß ich da manche Zuhörer zum Schreiben angeregt habe, daß sie ihre Gedanken sammeln und niederschreiben.

Heute schreibe ich regelmäßig, aber eher weniger meine lebensgeschichtlichen Erinnerungen. Die letzte Zeit denke ich mehr nach, als ich schreibe. Ich denke nach, welchen Sinn das Leben hat. Welche Anregungen ich durch meine Bücher bringe, ich gebe mich viel mehr mit Gedanken ab.

Schreiben tue ich trotzdem fast jeden Tag. Zum Beispiel Antworten schreiben auf Briefe und Karten, die jeden Tag hereinkommen. Es ergibt sich einfach so.

Schreiben und Lesen war früher nicht gefragt, das hielt einen ja nur vom Arbeiten ab. Heute, im Alter, ist es bei mir eher umgekehrt. Ich arbeite nicht mehr viel, lese und schreibe aber sehr viel.

Heute schreibe ich fast jeden Abend, aber überwiegend sind es Antworten auf Briefe oder Karten, die ich bekommen habe. Ich schreibe zumindest drei Briefe pro Tag. Eigentlich ist es ja eine Art Fanpost, die ich bekomme. Ich habe bis jetzt nur einen einzigen negativen Brief bekommen, in dem jemand geschrieben hat, daß ich mir nichts einbilden brauche – und dieser Brief war anonym.

Früher, auf dem Bergbauernhof, hatte ich keinen so rechten Platz zum Schreiben. Alles war auf die Arbeit ausgerichtet. Ich habe mich halt in der Küche auf der Bank ausgebreitet und nur hie und da am Abend geschrieben.

Seitdem ich in meiner Wohnung bin, habe ich es viel besser. Alle Räume stehen mir allein zur Verfügung, es gibt keine Bauernarbeit mehr, und keiner redet mir drein, wartet auf mich oder will sein Essen. Ich schreibe heute regelmäßig, meist sind es Antworten auf meine Post. Mein Lieblingsschreibplatz richtet sich nach der Sonne. Je nach der Tageszeit und der Sonne sitze ich mal im Wohnzimmer,

74

wenn ich nebenbei koche, sitze ich in der Küche am Küchentisch, und im Schlafzimmer steht ein richtiger Schreibtisch mit Balkonblick, auf dem ich seltener schreibe. In meiner Wohnung bin ich allein, und ich störe niemand mit meinen Schreibsachen. Ich habe meine sehr geschätzte Freiheit, die mir auch bei meiner Schreibarbeit von Vorteil ist.

Barbara Passrugger beim Schreiben am Küchentisch,
Filzmoos 1998

Filzmoos und der Tourismus

Heute haben ja alle Berufstätigen eine geregelte Arbeitszeit und viel mehr Freizeit, und sie verbringen ihren Urlaub in aller Herrn Länder. Das hat es früher in diesem Ausmaß nicht gegeben, und ich selber hatte nie eine geregelte Arbeitszeit und fast keine Freizeit.

Von diesem Wandel hat natürlich Filzmoos profitiert. Die Entwicklung des Wintersports hat zu einer völligen Veränderung geführt. Heute ist Filzmoos keine arme, rückständige, abgeschlossene Bergbauerngemeinde mehr, sondern ein berühmter Tourismusort mit einer großen Anzahl von Gästen aus dem In- und Ausland.

Durch den Tourismus hat sich im Winter alles viel stärker verändert. Durch die neue Gondel auf den Roßbrand gibt es noch viel mehr Werbung als früher, und es ist recht schön hier in Filzmoos. Man kann auch als Nicht-Schifahrer mit der Gondel hinauffahren, und oben ist alles hergerichtet für Langläufer, Snowboarder, ein Wanderweg, der im Winter mit den Pistenraupen präpariert wird. Dort ist es wirklich schön.

Die Veränderungen in Filzmoos sind heute schon zu stark. Zuerst habe ich mich ja gefreut, daß neue Leute kommen, daß mehr Leben in den Ort kommt. Es ist eine Bewegung gekommen. Jetzt ist es schon mehr übertrieben. Die großen Hotels, die gebaut wurden. Sie stören mich ja weniger, weil die müssen sein für die vielen Gäste.

Vor meinem Auge sehe ich noch das alte, frühere Bauerndörferl Filzmoos. Dieses Bild ist in mir drinnen, seit meiner Kindheit.

Heute gibt es kaum noch reine Bauern in Filzmoos, eine Jausenstation oder eine Pension gibt es
bereits bei jedem Hof. Mein Sohn ist der letzte Berg-
bauer, aber auch er ist im Winter beim Schilift angestellt.

Es hat jeder etwas mit dem Tourismus zu tun. Es
gibt auch Auswärtige, die ein Haus bauten oder ein
Gasthaus oder ein Hotel betreiben. Ferienwohnun-
gen gibt es auch hier und Apartment-Wohnungen.
Das war früher einmal sehr gefragt. Jetzt sagen einige Gäste, daß man in solchen Wohnungen zu abge-
schlossen sei und mit niemandem reden könne. Und
die Frauen sagen, daß sie im Urlaub fast so viel arbeiten müßten wie zu Hause im Haushalt.

Ich habe früher selber vorgehabt, für Gäste eine
Pension einzurichten. Da hätten wir viel Geld entlei-
hen müssen, da hätte mein Mann Angst gehabt vor
den Zinsen, daß wir sie nicht hätten aufbringen können. Mein Mann ist ja dann arbeiten gegangen in die
Lodenfabrik in Mandling. Seinen Verdienst hat er
ganz für sich behalten, und ich habe mich gekränkt.
Wenn er mir davon gegeben hätte, hätte ich am Haidegg Zimmer ausgebaut und für Gäste hergerichtet.

Heute denke ich mir, daß das doch gut so war.
Denn so hat mein Mann das Anwesen in Oberösterreich kaufen können, wo er mit der jüngsten Tochter
dann gelebt hat. So hat die jüngste eine neue Heimat, denn sie hat auch zwei Kinder.

So ist man manchmal gegen etwas, und erst später erkennt man, daß das besser so war. Und was
hätte ich davon, wenn ich am Haidegg für Touristen
umgebaut hätte – den gleichen Undank wie jetzt. Sie
können das ja machen, wenn sie wollen. Es ist immer besser, wenn man sich selbst etwas erarbeitet.

Was man sich selber schafft, das schätzt man besser als das Geschenkte.

Der Tourismus hat in den letzten Jahren hier etwas abgenommen. Aber Filzmoos wäre ganz schlecht dran, wenn sie diese neue Gondel nicht gebaut hätten. Die Gondel gehört einer Liftgesellschaft, sie gehört zur Schischaukel Amadé. Es gehört viel den hohen Herren, den Auswärtigen. Diejenigen, die zuerst gebaut hatten, waren Einheimische. Viele sind durch die Lifte in Schulden hineingezogen worden. Der Betrieb und die Angestellten sind teuer, und die Pistenpräparierung auch.

Die Schneelage ist zu unsicher, und ohne die neuen Schneekanonen hätte es in den schneearmen Zeiten schlecht ausgesehen.

Heute lebt der ganze Ort nur vom Tourismus. Die jungen Leute hier lernen Koch, Kellner, Bankkaufmann, Verkäufer oder andere kaufmännische Berufe, die mit dem Fremdenverkehr zu tun haben.

Zu meiner Schulzeit hat es das nicht gegeben. Fast alle mußten in der Landwirtschaft arbeiten. Unsere Kinder mußten alle auswärts eine Lehre machen. Zu meiner Jugendzeit gab es das nicht, daß man einen Beruf lernen durfte. Für Burschen war es eher möglich als für Mädchen, die durften überhaupt keine Lehre machen. Sie mußten in der Landwirtschaft bleiben. Das war bei weichenden Bauernkindern so, ganz gleich, ob es junge Männer oder Frauen waren.

Die Hauptschüler aus Filzmoos sind nach Radstadt gekommen. Früher mußten sich die Eltern selbst um einen Wohnplatz umschauen, wenn sie das Kind in eine Hauptschule geben wollten. Das sind heute schon große Vorzüge. Heute fahren die Kinder alle mit dem Bus, auch die Kindergartenkinder werden heute geführt und bis vor die Haustüre gebracht.

Von Christen, Heiden und Indianern

Früher kamen die Bergbauernfamilien sonntags von weit her zu Fuß in die Kirche. Da gab es keine Ausnahme. Man ging anschließend zum Kramer einkaufen, nur das Allernötigste natürlich. Die Besseren konnten es sich leisten, nachher ins Gasthaus zu gehen.

Heute gehen viele nicht mehr in die Kirche, sie haben oft kein Interesse oder keine Zeit mehr, insbesondere in der Hochsaison.

Ich gehe heute in die Kirche fast nur allein, außer bei Begräbnissen. Ich gehe auch sonntags nie in die Kirche. Eine Nachbarin hat einmal zu mir gesagt: „Du bist ein Heide." Aber ich mache mir nichts daraus, das ist, wie wenn sie es zu einem Holzscheit sagen würde. Da bin ich halt durch das andere Leben, das mir hereingekommen ist, viel mehr auf die eigenen Füße gestellt. Und ich habe mich von meinem Glauben nie abbringen lassen. Mein Glauben ist nicht die Kirche, sondern der Herrgott. Zur Kirche und zu den Geistlichen hatte ich ja früher eine ganz unkritische Haltung. Ich habe ja alles wortwörtlich genommen und blind geglaubt.

Einmal hat der Pfarrer in der Schule etwas anderes erzählt, nicht das, was wir seit der ersten Abteilung in der Schule im Religionsunterricht gehört hatten. Und das hat mich besonders interessiert.

In der vierten Abteilung hat er von den Missiona-
ren erzählt, die weit weg ins Ausland gehen zu den
Negern, Indianern, Chinesen und so weiter, um die
Heiden zu bekehren, weil sie nicht den richtigen
Glauben hatten. Er erzählte, die Indianer würden einen riesigen Wirbel machen und ein Goldenes Kalb
anbeten. Und ich habe mir gedacht, ich würde nun
wissen, wie es dort aussähe.

Dann hat der Pfarrer noch gesagt: „Mit den
Ramsauern dürft ihr keine Freundschaft haben, mit
denen dürft ihr euch nicht abgeben! Von denen
müßt ihr euch fern halten, denn das sind auch Heiden, die haben nicht den richtigen Glauben!"

Ich habe dann darüber nachgedacht, was denn in
Ramsau wäre, das war ja nur einige Kilometer von
uns entfernt. Und ich habe nicht viel damit anfangen
können. Aber später habe ich mich gefragt, warum
uns der Pfarrer nicht erzählt hatte, welche Hautfarbe
die Ramsauer wohl hätten. Und das wollte ich doch
so gerne wissen. Fragen konnte ich niemanden,
denn da hätte jeder gesagt: „Ja, das geht dich nichts
an! Frag nicht so blöd!" Da hätte ich keine Auskunft
bekommen.

Im folgenden Sommer habe ich mir gedacht, daß
ich auf diese Frage selbst eine Antwort finden mußte.
Ich wußte, am Sonntag paßte keiner so genau auf, was
ich tat. Da bin ich wie immer in den Wald zu meinem
Baum gegangen. Dort habe ich manchmal heimlich
gelesen. Da ist mir die Idee gekommen, ich könnte in
dieser Zeit nach Ramsau gehen, um zu schauen, welche Hautfarbe die Leute dort wohl hätten.

Ich bin dann unten beim Wald hinausgegangen,
damit mich ja keiner sah und mich fragen konnte,
wohin ich ging. Ich bin bis zur Kreuzung, wo ich

von einem früheren Gang mit meiner Ziehmutter wußte, daß dort der Weg nach Ramsau ging. Zuerst bin ich bis zu einem Bauernhaus gekommen. Dort bin ich stehengeblieben und habe geschaut. Ich habe aber niemanden gesehen oder gehört, und so bin ich weitergegangen. Dann bin ich, und ich weiß heute nicht mehr genau wo, hinaus zu einem breiteren Weg gekommen, das ist die heutige Straße nach Ramsau.

Bei der Kehre zum Gsenghaus sind mir zwei Leute begegnet, ein Herr und eine Frau, und ich habe mich gleich erschreckt. Aber wie ich gesehen habe, daß sie so ausschauen wie wir, da habe ich mir gedacht, daß das keine Ramsauer sein konnten.

Da habe ich mich gleich wieder gefaßt und ging eine längere Wegstrecke weiter. Ich hörte eine Gruppe junger Leute kommen, sie haben einen großen Wirbel gemacht, sie haben gesungen, gelacht und gejodelt.

Ich blieb weit genug entfernt stehen und habe sie so nicht erkennen können. Da habe ich mich versteckt und die Courage verloren. Ich war sicher, daß das die vom Pfarrer beschriebenen Heiden gewesen sein mußten, die haben ja auch so einen Wirbel gemacht wie die Indianer beim Anbeten des Goldenen Kalbes. Und dabei habe ich mich nicht mehr weitergetraut und bin umgekehrt. Und so bin ich nicht gescheiter geworden und habe nicht gewußt, welche Hautfarbe die Ramsauer wohl hätten.

Daraus sieht man, wie unglaublich naiv ich als Kind war. An den Worten des Pfarrers hat keiner gezweifelt.

Man ist jeden Sonntag brav in die Kirche gegangen und hat nichts hinterfragt.

Erst im späteren Alter habe ich begonnen, die Autorität der Kirche zu hinterfragen. Für mich ist es heute am schlimmsten, daß ich sehe, wie wenig die Vertreter der Kirche nach dem Beispiel von Christus leben. Es wäre so wichtig, daß diejenigen, die Christus auf der Welt vertreten, nach seinen Grundsätzen leben würden. Da würden die Menschen wieder viel mehr zuhören, denn Christus hat die Armen gern gehabt, er hat die Kinder geliebt, er hat einer Ehebrecherin verziehen. Er hat auch gesagt, daß sein Reich nicht von dieser Welt ist, aber seine Vertreter trachten nur noch nach Geld und Macht.

Unsere Filzmooser Wallfahrtskirche ist ja bekannt durch das gnadenreiche Jesuskind. Es kommen viele Touristen, um sich dieses Kleinod anzuschauen. Zu meiner Jugendzeit wurde ein Brauch besonders streng eingehalten, das „Kindlbussen".

Filzmoos, im zwölften Jahrhundert urkundlich erwähnt, gehörte zu Altenmarkt im Pongau. Es war nur ein Almgebiet für Schafe mit ihren Hirten. Der Legende nach vernahmen Hirten einen ihnen unbekannten Glockenton, der nicht zu ihren Schafen gehörte. Sie gingen dem Ton nach und sahen auf einem Baumstumpf ein Kind mit dem Glöcklein läuten. Sie wußten nicht, was sie mit dem Kind anfangen sollten. Es waren nur Männer bei den Schafen. Also packten sie das Kind in eine Schachtel oder Kiste und trugen es nach Altenmarkt. Doch nach ein oder zwei Tagen stand das Kind wieder auf dem Baumstumpf, aber mit gebrochenem Fuß.

Zu den hohen Feiertagen, das war am Weihnachtstag, Neujahrstag, Dreikönigstag, Ostersonntag, Pfingstsonntag und Fronleichnam, hat der Pfarrer die Figur vom Jesuskind, die über dem Hochaltar hing, herabgenommen und sie zur Kommunionbank gestellt und das Kittelchen so weit hochgeschoben, daß der gebrochene Fuß frei war. Wir Kirchengeher gingen nach vorne, Männer rechts und Frauen links, und mußten abwechselnd auf den gebrochenen Knöchel einen Kuß geben. Das war das „Kindbussen". Zu diesen Feiertagen war um zwei Uhr am Nachmittag eine Vesper, und nach dieser Vesper ging niemand aus der Kirche ohne „Kindbussen".

Als ich älter wurde, nach dem Schulaustritt, hat mir der Brauch immer weniger behagt, weil von dem vielen „Kindbussen" entstand um den Knöchel ein brauner Ring. Wohl von den Kautabakresten der Männer. Wann dieser Brauch abgekommen ist, das weiß ich nicht.

Durch das Bekanntwerden als Wallfahrtsort sind schon viel mehr Leute nach Filzmoos gekommen und haben um Hilfe gebetet zum Jesuskind. Es wird auch Hilfe zuteil geworden sein, davon zeugen die vielen Votivtafeln, die vor der Kirchenrenovierung an der Wandseite des Hochaltars angebracht waren. Es waren darunter schön gemalte Tafeln mit Danksagungen für die Hilfe für kranke oder bei Unfällen verletzte Kinder oder auch für Kindersegen. Meine Ziehmutter hat auch als Danksagung eine Tafel malen lassen, weil ihr Kind mit drei Jahren vom Kälbergatter gefallen war und einen Schädelbruch hatte, der geheilt wurde.

Die Erwachsenen machten in bezug auf die Wallfahrer früher oft Witze. Es wurden Wallfahrten auch vom Annaberg hierher gemacht. Der Weg war weit und anstrengend über den Gsengsattel. Es wurde alles zu Fuß gegangen. Für einige war es doch zu anstrengend, am gleichen Tag hin und zurück zu gehen, sie kamen schon am Vortag und mußten übernachten.

Nun wurde von den Witzemachern gesagt, daß bei den Frauen, welche übernachteten, das Jesuskind geholfen hat, weil nach neun Monaten etliche Kinder zur Welt kamen.

Es wurde auch darüber gelacht, daß eine Annabergerin beim Rosenkranz-Nachbeten, als sie ganz nahe an einem Bauernhaus vorbeigingen, ganz laut gebetet haben soll: „Heilige Maria! Habn s' da a große Soachrinn!"

Bei Bauernhäusern wurde nämlich früher, hauptsächlich bei der Knechtekammer, eine Holzrinne durch die Wand gesteckt, damit die Männer nicht aufs Klo hinausgehen mußten, damals hat man Abort gesagt. Im Winter wurde dann eine gelbbraune Eissäule daraus, die mußte öfter umgestoßen werden. So war das zur damaligen Zeit mit den Natureissäulen. Heutzutage werden künstliche Eissäulen errichtet.

Die Kirche selber wurde in den 60er Jahren restauriert. Mir hat sie vorher viel besser gefallen. Es wurden der Hochaltar und der Seitenaltar herausgerissen, die Kanzel und die Heiligen sind weggekommen, und die Kirche wirkt heute eigentlich eher kalt.

Wegen der Touristen hätte man unsere Kirche nicht verändern müssen. Die Kirche ist nicht mehr so heimelig wie früher, sie wirkt eher kalt und leer. Als Kind bin ich furchtbar gern zu den Heiligenfiguren in die Kirche gegangen, um dort zu beten, insbesondere zur heiligen Barbara, meiner Namenspatronin.

Damals sind jedoch viele Kirchen modernisiert worden, ohne daß die Ortsbewohner gefragt wurden.

Schreiben bringt neue Freunde

Mein Leben hat sich durch das Schreiben und vor allem durch die Lesungen sehr verändert. Da ist ein großer Unterschied zu früher.

Durch die Veröffentlichung meiner Bücher habe ich viele neue Freunde, echte Freunde, gewonnen. Da habe ich mit vielen so eine Freundschaft, daß wir dauernd schriftlich miteinander verkehren und auch zusammenkommen. Und dadurch ist auch für mich alles anders geworden, die ganze Lebensweise ist stabiler geworden. Es kommen viele Freunde und Besucher zu mir, und ich habe dadurch eine große Freude. Das würde mir schon sehr abgehen, wenn keiner mehr käme.

Kürzlich habe ich in Filzmoos im Hubertushof eine Lesung gehabt für eine Touristengruppe aus Sachsen. Da habe ich später von einer Frau, die unter den vielen Gästen dabei war, eine Karte erhalten. Sie hat mir geschrieben, daß sie sich so gefreut hat über meine Lesung. Und das ist für mich immer wieder eine Freude. Denn wenn sie sich nicht wirklich gefreut hätte, hätte sie mir als Fremde nicht geschrieben.

Das ist für mich schon eine grundlegende Veränderung im ganzen Leben. Das ist wie beim Lächeln – man lächelt jemanden an, der lächelt zurück, und freuen tun sich beide.

Nach den Lesungen erzählen mir auch Leute ihre Lebensgeschichte. Sie klagen mir ihr Leid oder vertrauen mir etwas an. Und manchmal muß ich mir denken, da habe ich im Leben noch nicht so viel mitgemacht wie diese. Da tut es mir manchmal leid, daß ich ihnen nicht helfen kann. Ich versuche manchmal, ihnen etwas auszureden, und sage ihnen meine Anschauung und erkläre ihnen, daß ich auf das Gottvertrauen setze. Da ist es mitunter auch schwer für mich.

Heute baue ich viel mehr als früher auf meine Freunde, denn früher bin ich zu niemandem hingekommen und habe wenig Freunde gehabt.

Einmal hat mich bei einer Lesung ein Herr angesprochen und gemeint: „Frau Passrugger, Sie haben sicher auch einen Freund." Ich habe ihm gesagt. „Einen Freund? Oh, ich habe viel Freunde." Seitdem mein Mann weggezogen ist, hatte ich aber keinen Mann als Freund, aber ich habe viele Freunde.

Und das ist für mich auch dann eine Erbauung, und ich kann wieder nachdenken, wie gut ich durchgekommen bin im Vergleich zu anderen, die noch Schrecklicheres erlebt haben.

Bei einer Lesung geschah einmal folgendes: Nachdem die Lesung schon vorbei war und alle schon weggegangen waren, ist eine Frau alleine gesessen. Ich habe auf meinen Chauffeur warten müssen. Im großen Saal habe ich der Frau gewunken, sie solle doch zu mir hergekommen. Sie hat mir nein gedeutet. Da habe ich mir gedacht, dann gehe ich eben zu ihr hin. Ich bin zu ihr gegangen und habe gesagt: „Sie sind doch sicher auch in meinem Alter. Sie haben doch sicher auch viel erlebt, und ich möchte oft so gern wissen, was andere erlebt haben."

Es hat mich viel Energie gekostet, bis ich sie zum Sprechen gebracht habe. Die schüchterne Frau hat mir dann erzählt, daß ihre Mutter gestorben war, wie sie acht Jahre alt war. Sie hat keinen Vater gekannt und ist dann zu einem Bauern gekommen. Der hat sie angenommen und sie ist dort geblieben. Im sechzehnten Lebensjahr ist sie vom Bauern schwanger geworden. Wie sie daraufgekommen sind, wurde sie ausgejagt, und sie hat noch schwören müssen, daß sie es keinem Menschen erzählt, daß der Bauer der Vater war. Sie ist dann gegangen mit einem Kopftücherl, in das sie ihre Sachen eingepackt hatte, von Gemeinde zu Gemeinde, und in einer Wirtschaft ist gerade eine Sennerin ausgefallen, da ist sie dann Sennerin geworden.

Auf der Alm hat sie im Sommer gespürt, daß das Kind kommt. Sie hat sich gedacht: „Da muß ich doch heimgehen." Am halben Weg unter einem Baum ist dann das Kind gekommen. Sie hat das Kind in die Schürze eingewickelt, und so ist sie wieder auf die Alm hinaufgegangen. Sie hat gemeint: „Das ist dann ein großes Glück gewesen, daß ich das Bübchen behalten durfte." Sie hat weiter ihre Arbeit gemacht, und die Bäuerin war so gut und hat ihr ein schleißiges Leintuch auf die Alm geschickt, weil sie hat nur Jutesäcke zum Einwickeln des Kindes gehabt.

Der Bub ist dann gewachsen, ist ein starkes, gescheites Kind geworden. Und wie der Zweite Weltkrieg angefangen hat, mußte er einrücken und ist nicht mehr nach Hause gekommen. Sie ist ganz alleine, und sie hat heute keinen Menschen.

Nachher ist eine Frau im mittleren Alter, mit einem finsteren Blick, hereingekommen und hat gesagt: „Ich habe dir doch gesagt, du sollst draußen auf der Bank auf mich warten!" Die alte Frau ist ganz in sich zusammengefallen und hat sich sehr geschreckt.

Ich habe gespürt, daß es dieser Frau nicht recht war, daß sie mit mir sprach. Ich habe so nicht mehr erfahren, woher die alte Frau kam. Das sind furchtbare Schicksale, über die ich leidvoll nachdenke.

Bei solchen Lesungen finde ich manchmal neue Freunde.

Ich habe schon ungefähr dreihundertmal gelesen, und es sind immer wieder Menschen dabei, die mir viel bedeuten.

Auch in Filzmoos werde ich öfter eingeladen in den Hotels, so im Hubertushof, im Hanneshof, im Hotel Eschbacher, im Hotel Blumenhof und im Hotel Bischofsmütze. Da laden mich die Hoteliers ein, wenn sie Besucher oder Autobusse aus Deutschland haben. Diese Leute interessieren sich sehr, da muß ich natürlich schon aufpassen, daß sie mich verstehen, den richtigen Dialekt kann ich da nicht anwenden.

Ich erzähle bei den Lesungen auch allen, wie sehr ich Filzmoos und die heimatlichen Berge schätze, allen voran die Bischofsmütze, bei der seitlich ein Teil abgebrochen ist.

Mein Heimatbewußtsein ist erst durch meine Rückkehr wieder gewachsen, denn zuerst wurde mir Filzmoos verleidet durch die Plakate, die sie gegen mich eines Nachts überall an der Stadelwand, bei der Feuerwehrhütte und der Kohlhütte – es waren vier oder fünf Plakate – aufgehängt haben; sie bezogen sich auf die Beziehung zum Schmied, der ver-

88

heiratet und mit mir befreundet war. Das war vor dem Zweiten Weltkrieg, da bin ich dann in die Haushaltungsschule gekommen.

Jetzt habe ich auch in Filzmoos neue Freunde gewonnen, und ich glaube, ich werde jetzt mehr geschätzt als früher.

Einen guten Freund zu haben ist von allen Gottesgaben die reinste. Freundschaft ist nicht ererbt wie bei der Familie, sie ist nicht zwingend wie bei einem Kind, und sie verfügt nicht über die Mittel körperlicher Freuden wie in der Ehe. Deshalb ist sie eine unbeschreibliche Bindung, die eine weit tiefere Hingabe mit sich bringt als alle anderen.

Wenn ich bei den Lesungen sage, daß es mir in Filzmoos gefällt, weil hier die schönsten Berge sind und weil ich da viele schöne Jugenderlebnisse gehabt habe, da merken die Zuhörer schon, daß das ehrlich gemeint ist.

Verlust von alten Freunden

So zwischendurch ist schon manchmal nicht die richtige Gunst da. Da liegt mir wenig dran, früher hat es mich schon gestört, daß vieles über mich geredet wurde, was nicht gestimmt hat. Über so üble Nachrede habe ich früher viel geweint in meinen Jugendjahren. Und auch, als ich bei allen Lustbarkeiten dabei war, weil ich auch bei den Unterhaltungen lustig war. Da haben dann schon viele gemeint, hauptsächlich Burschen: „Bei der geht was!" Aber da haben sie sich dann doch getäuscht.

Meinen ersten Freund habe ich schon mit sechzehn Jahren gehabt, das war von Kuchl ein Kirchenmaler. Da bin ich das erste Mal richtig aufgeklärt worden, und der hat das verstanden, da habe ich ein Glück gehabt. Denn vorher habe ich mir das sowieso furchtbar vorgestellt. Mich hat vorher einmal ein Bursch furchtbar bedrängt, und ich habe mich so gefürchtet. Mit sechzehn Jahren war ich ja schon Sennerin.

Zuerst habe ich ihn als Kirchenmaler arbeiten sehen. Meine Ziehschwester und ich haben am Feld nahe der Kirche Flachs jäten müssen. Da haben die Kirchenmaler ganz Belangloses mit uns über den Kirchenzaun geredet.

Wie ich dann auf der Alm war, ist er gleich gekommen, und ich habe mich vor ihm gefürchtet. Ich war damals sechzehn Jahre alt. Er war feinfühlig und fiel nicht mit der Tür ins Haus, wie man so sagt. Im nachhinein habe ich dann andere gekannt, aber er war nicht so.

Er ist als Kirchenmaler wieder weggekommen, ich habe ihm einige Male geschrieben, aber ich nehme an, die Post ist unterschlagen worden, ich habe nie einen Brief von ihm bekommen. Ich habe mir von meinen Briefen an ihn damals eine Abschrift gemacht und erst kürzlich habe ich einen Brief aus dem Jahr 1926 wieder hervorgeholt. Er war an diesen Freund gerichtet. [Siehe Seite 91!]

Im Zweiten Weltkrieg war ich mit Rupert verlobt. Er ist dann gefallen. Wir haben schon ausgemacht, daß wir nach dem Krieg heiraten werden. Da war ich dreißig Jahre alt und Sennerin. Mit neunundzwanzig Jahren bin ich von der Haushaltungsschule auf den Wenghof gekommen, und da habe ich den ersten Monatslohn in meinem Leben erhalten.

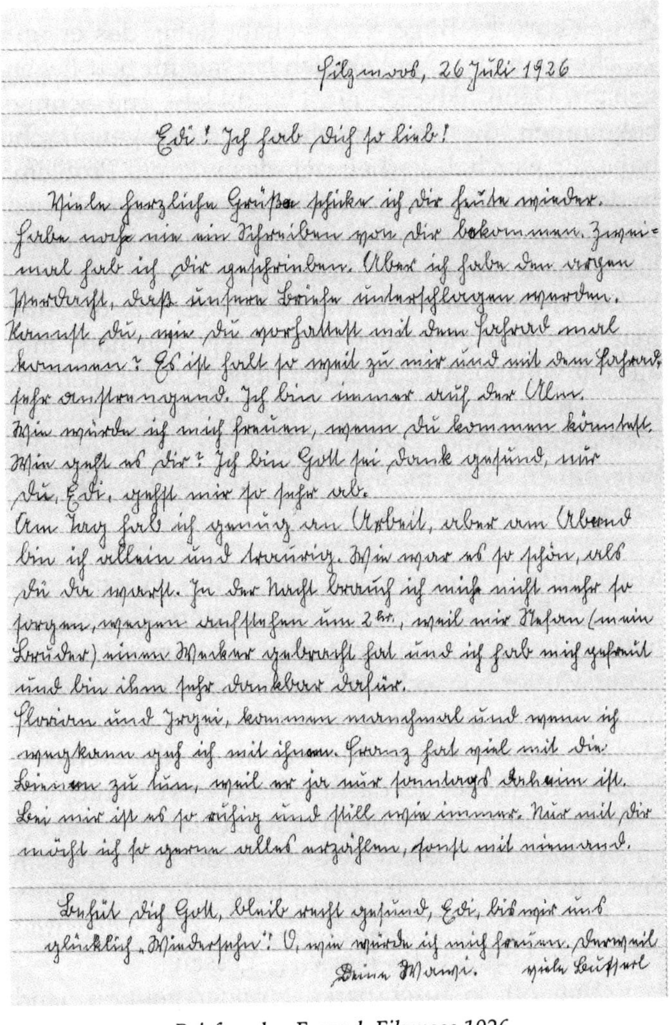

Filzmoos, 26 Juli 1926

Edi! Ich hab dich so lieb!

Viele herzliche Grüße schicke ich dir heute wieder. Habe noch nie ein Schreiben von dir bekommen. Zweimal hab ich dir geschrieben. Aber ich habe den argen Verdacht, daß unsere Briefe unterschlagen wurden. Kannst du, wie du versprochen hast mit dem Gerhard mal kommen? Es ist halt so weit zu mir und mit dem Gerhard sehr anstrengend. Ich bin immer auf der Alm. Wie würde ich mich freuen, wenn du kommen könntest. Wie geht es dir? Ich bin Gott sei Dank gesund, nur du, Edi, gehst mir so sehr ab.
Am Tag hab ich genug an Arbeit, aber am Abend bin ich allein und traurig. Wie war es so schön, als du da warst. In der Nacht brauch ich mich nicht mehr so sorgen, wegen aufstehen um 2 Uhr, weil mir Stefan (mein Bruder) einen Wecker gebracht hat und ich hab mich gefreut und bin ihm sehr dankbar dafür.
Florian und Jorgi, kommen manchmal und wenn ich wegkann geh ich mit ihnen. Franz hat viel mit [illegible] zu tun, weil er ja nur sonntags daheim ist. Bei mir ist es so ruhig und still wie immer. Nur mit dir möcht ich so gerne alles erzählen, sonst mit niemand.

Behüt dich Gott, bleib recht gesund, Edi, bis wir uns glücklich „Wiedersehen"! O, wie würde ich mich freuen. Tausendmal viele Busserl
Deine [illegible].

Brief an den Freund, Filzmoos 1926

Die Geschichte mit dem Schmied-Benei aus Filzmoos war aus heutiger Sicht eigentlich auch kein
Wunder. Ich habe keinen Lohn gehabt, man hat nirgends was gekriegt. Was ich da für eine Freude über
das elektrische Bügeleisen gehabt habe, das er mir
geschenkt hatte! Das habe ich bei mir im Bett liegen
gehabt. Dann habe ich ein Dirndlkleid und Schuhe
bekommen, die ich mir schon so lange gewünscht
habe. Er war halt verheiratet, das war ein Problem.
In der Früh habe ich auch mal einen wunderschönen
Blumenstrauß an meinem Fenster, das ebenerdig
lag, vorgefunden, noch dazu Gärtnereiblumen.

Da kommt mir heute vor, es ist kein Wunder, daß
man so einen Menschen gern kriegt. Ich habe ihm
alles anvertrauen können, ich habe ja sonst niemanden gehabt. Und ich habe auch gewußt, er sagt es
niemandem. Aber sexuell haben wir nichts gehabt.
Wir haben ausgemacht, daß wir warten, bis der
Krieg sich entscheidet.

Mit meinem Mann war das ganz anders. Wie mir später nach Erzählungen seiner Schwestern klar wurde,
hätte es bei ihm auch nicht anders kommen können.
Seine Mutter hat sechs außereheliche Kinder gehabt
und hat jedes weggeben müssen. Sie war eine wei-
chende Bauerntochter. Ihm ist es besonders schlecht
gegangen. Aber er hat darüber nie etwas erzählt.

Er hat mir nur eine Begebenheit erzählt: Er hat bei
einem Bauern gesehen, wie sie verdorbenes Fleisch
auf den Misthaufen geworfen haben. Er hat es dann
wieder aufgeklaubt, die Maden ausgestochen und
vor lauter Hunger das Fleisch gegessen.

Er hat oft so furchtbaren Hunger gelitten. Und
wenn ein Kind keine Nestwärme, keine Mutterliebe

kennt, dann wird es hart. Sie haben kein Gefühl für andere Menschen. Das hat er nicht gekannt. Aber darüber ist auch nicht gesprochen worden. Früher war jeden Tag von früh bis spät die Arbeit, und wir haben miteinander viel arbeiten müssen, Holzarbeiten, Feldarbeiten, Melken der Kühe am Berg und die viele Arbeit auf der Alm. Aber auch wenn wir miteinander hinaufgegangen sind, haben wir kein Wort miteinander geredet. Jeder ist für sich dahingegangen. Ich wäre schon leichter zum Reden bereit gewesen.

Mein Horizont verändert sich

Durch meine vielen Reisen zu Lesungen hat sich mein Blickwinkel erst im Alter entscheidend verändert. In meiner Kindheit und Jugendzeit bin ich aus Filzmoos nie hinausgekommen, nur in die näheren Orte wie Radstadt, Mandling oder Haus.

Mit dreizehn durfte ich das erste Mal nach Salzburg fahren, das war etwas ganz Aufregendes. Heute ist Filzmoos wichtiger, weil mir immer mehr bewußt wird, daß es meine Heimat ist. Meine Wurzeln sind hier. Man muß bei jedem Ding immer von der Wurzel ausgehen. Es hat sich schon viel verändert. Ich habe jetzt den weiteren Blick und weiß, wie es außerhalb von Filzmoos ausschaut. Auch unsere Gäste, das sind die Mieter der Alm, haben mir schon früher viel gezeigt. Ich war öfter in Köln und habe Einblick genommen, wie es außerhalb von Filzmoos ausschaut, das erste Mal waren die Kölner 1968 da. Sie kommen seither immer hierher, die ganzen Jahre hindurch.

Und seit den Lesungen ist das sowieso normal. Wenn ich beim Fernsehen etwas über Orte sehe, wo ich selber schon war, weiß ich, da schaut es so oder so aus. Heute weiß ich, wie es in Wirklichkeit ist. Früher hatte ich davon überhaupt keine Vorstellung, und ich habe davon geträumt, daß ich einmal irgendwohin kommen könnte.

Ich habe das Fernweh schon immer irgendwie in mir gehabt, und mir ist schon im Schulalter in den Sinn gekommen, als ich mit dem Tatzenstaberl auf der Landkarte von einem Ort zum anderen gefahren bin, wie es dort ausschauen könnte und wie es wäre, wenn ich einmal dort hinkommen könnte.

Daß mir dieser Wunsch jetzt im Alter in Erfüllung gegangen ist, das empfinde ich als größtes Glück. Ich bin ja nicht weiß Gott wo gewesen, nicht einmal in Amerika. Prag war meine weiteste Reise zu einer Lesung. In Irland und auf Mallorca war ich erst im Alter mit meinen Kindern auf Urlaub. Trotzdem empfinde ich die Reisen zu den Orten meiner Lesungen als große Bereicherung meines Alters.

Als ich bei einer Lesung in Bad Goisern war, bemerkte ich, daß ein Paar hereinkam. Die Frau ging zu den Stühlen, und der Mann ging auf mich zu. Ich habe gedacht, daß er mir bekannt vorkam. Ich wußte, daß ich ihn schon einmal gesehen hatte, aber ich wußte nicht wo. Er stellte sich als Julius Steiner vor und sagte, daß er der Sohn von dem mir bekannten Steiner Jörg sei.

Ich habe mich recht gefreut über diese Begegnung, und er sah seinem Vater wirklich sehr ähnlich. Wir haben uns angefreundet, haben Bruderschaft getrunken und waren fröhlich. Seither stehe ich in Kontakt zu ihm, wir besuchen und wir schreiben uns.

Da fiel mir meine erste Begegnung mit dem Steiner Jörg ein, der aus Ramsau stammte. Schon als Kind wußte ich, daß der Steiner viele Kinder hatte. Ich habe ihn wegen seines seltenen Vornamens gefragt, und er sagte, seine Eltern hätten so viele Kinder gehabt, daß sie keinen rechten Namen wußten. So haben sie für ihn den Tagespatron ausgewählt, und der Patron des Tages war eben Julius.

Ich habe seinen Vater sehr gut gekannt, denn er war ein Freund meines Vaters vom Rettenegg, ebenso wie der Kirchenwirt von Ramsau. Sie kamen nach Filzmoos zur Gamsenjagd. Die Jagd war nichts für die Frauen. Aber die Männer haben viel von der Jägerei erzählt, und sie waren oft Gäste im Hause. Dadurch bin ich dann daraufgekommen, welche Hautfarbe die Ramsauer wirklich hatten.

Denn eines Tages ist der Vater mit dem Steiner Jörg aus Ramsau ins Haus gekommen. Ich hatte schon gehört, daß er viele Kinder hatte. Die Kinder hatte er von verschiedenen Frauen, deshalb hießen die außerehelichen Kinder alle nach den Müttern und nicht nach dem Vater.

Der Vater befahl mir, für den Jörg eine Jause herzurichten. Weil ich alleine im Haushalt war, mußte ich ihm die Jause bringen. Ich hatte solche Angst, mir war richtig schlecht. Denn der Vater hätte ja wissen müssen, daß er so viele Kinder hatte. Ich hatte tatsächlich Angst, daß ich ein Kind bekommen würde, wenn ich ihm nur in die Nähe käme. Da war ich dreizehn Jahre alt und noch nicht aufgeklärt.

Ich habe ihm dann den Jausenteller von weitem hingestellt, daß ich ihm ja nicht zu nahe komme oder ihn berühre. Ich habe ihn dabei angeschaut, und da habe ich bemerkt, daß er gar keine andere Hautfarbe hatte und keinesfalls wie ein Indianer aussah. Als ich den Teller hinstellte, da hat er ein bißchen gelächelt. Er hat wohl vermutet, daß ich mich fürchte.

Wenn ich dann jetzt von meinen Lesereisen zurückkomme, habe ich viel zu denken. Ich denke oft darüber nach, wie es an diesem oder jenem Ort war.

Von St. Martin am Ybbsfelde, wo ich vergangenes Frühjahr war, hatte ich überhaupt keine Ahnung. Aber dort war es so schön, und die Leute waren so lieb. Ich bin bei Bauersleuten einquartiert gewesen, der Sohn der Bauersleute hat mir am Hof alles gezeigt. Den Stall, die Kühe, das Jungvieh, die Schafe, Enten, Hendl, das hat mich alles so interessiert.

Obendrein sind sie mit mir weggefahren, nach Spitz in die Wachau, wunderschön war dort die Blüte der Obstbäume.

Lesung in der Kirche von St. Martin am Ybbsfelde, St. Martin 1997

Dann waren wir in einem Bauernmuseum. Das ist etwas, was man sich nicht vorstellen kann, wenn man es nicht sieht. Es gibt alles von früher, über die Schuster, Schneider, Hachler, Weber und über alle Handwerker, die Werkzeuge. Es waren auch die alten und die neuen Landmaschinen da. Die Führung war ganz prima. Nachher wurden wir eingeladen, in die Stube zu kommen, wir wurden von der lieben Bäuerin umsorgt mit gutem Kuchen und mit selbst erzeugten Getränken. Auch noch zum Mitnehmen gab es Geschenke. Herz, was willst du mehr? Gut gefallen haben mir auch die alten Gebetbücher, Rosenkränze, Wachsstöckerl, Kostüme, Trachtenkleider und vieles mehr.

Da habe ich zu Hause dann so vieles zu denken, weil ich mir das alles im Geist wieder vorstelle.

Außergewöhnlich und erstmalig war auch, daß ich in einer Kirche eine Lesung halten durfte. Der Pfarrer hat das erlaubt, weil der Saal zu klein war. Der Pfarrer war ein so lieber Herr, der mich schon vor der Lesung zu Kaffee und Kuchen eingeladen hatte. Das hätte ich mir früher nie so vorstellen können. Das ist für mich eine so große Freude, wenn ich so nett aufgenommen werde.

Auch in Andelsbuch in Vorarlberg bin ich bei einer Bäuerin so gut aufgenommen worden, das ist für mich fast unglaublich, daß ich so etwas erleben darf.

Auch in Götzis in Vorarlberg hatte ich eine ganz schöne Lesung, an die ich mich gerne erinnere. Ich war bei lieben Leuten einige Tage. Auch von selbst gebrannten guten Schnäpsen habe ich mitbekommen als Geschenk.

Es ist mir eigentlich nicht so wichtig, daß mich Prominente kennen. Es bedeutet mir viel mehr, wenn mich einfache Leute kennen und schätzen. Ich habe schon eine Freude, wenn der Bürgermeister bei Lesungen anwesend ist. Das kommt öfter vor, so wie im Pinzgau in Piesendorf einmal. Das habe ich zuerst gar nicht gewußt. Da habe ich die Stelle aus meinem Buch vorgelesen, über meine Beziehung zum Schmied, der damals ja Bürgermeister in Filzmoos war und daß ich seine Freundin war. Das hat den Bürgermeister gefreut, und er hat gelacht dazu.

Nach einer Lesung hat mich einmal ein Herr gefragt, ob es mir etwas ausmachen würde, wenn anstelle der gewöhnlichen Leute lauter Prominente im Publikum wären oder vielleicht gar der Papst. Ich habe ihm geantwortet: „Nein, das würde mir nichts ausmachen. Denn den Papst schaue ich genauso für einen Menschen an wie jeden anderen."

Erinnerungen beim Lesen

Bei meinen Lesungen aus meinen Aufzeichnungen fallen mir immer wieder Erinnerungen aus der Kindheit ein, die bis heute von Bedeutung sind, die ich aber beim Schreiben bisher nicht erwähnt habe. So eine Geschichte aus der Zeit des Ersten Weltkriegs.

Ich bin zu dieser Zeit noch nicht in die Schule gegangen, und damals war am Oberhof eine so ungute Atmosphäre im Haus, daß ich mich überhaupt nicht ausgekannt habe. Alle schauten finster drein, die Mutter schimpfte immer mit der Maria, und ich habe den Grund nicht verstanden. Denn sie hat ja alles getan so wie früher. Die Mutter war oftmals ganz bös, die Dienstboten haben heimlich miteinander geflüstert und so schief herübergeschaut auf mich, als wenn ich daran schuld wäre, und es ist eigentlich alles gar nicht gut gewesen.

Eines Tages ist plötzlich der Kommandant von den Kriegsgefangenen gekommen, der war schon öfter da, und es war nichts dabei. Dieses Mal hat er aber ein Gewehr geschultert gehabt, und mir wurde gesagt: „Er hat den Pietro mitgenommen."

Der Pedro war ein Kriegsgefangener, den ich gern gemocht habe. Er hat öfter mit mir gespielt. Ich habe nicht gewußt, was das alles bedeuten sollte.

Und dann auf einmal habe ich bemerkt, daß in der Stube, wo geheizt worden ist, beim Ofen hiebei ein Korb lag mit einem kleinen Kind drinnen. Keiner hat etwas gesagt, wo das Kind hergekommen ist, und ich habe auch keine so rechte Notiz davon genommen. Aber ein bißchen besser aufgelegt waren sie alle auf dem Hof. Die Mutter hat nicht mehr geschimpft, ich habe mir gedacht, das Kind müsse daran Schuld gewesen sein, daß die Stimmung so schlecht war.

Aber ich habe mich gefragt, wo dieses Kind herkommt. Diese Frage durfte ich aber niemandem stellen.

Ich habe begonnen in die Schule zu gehen, und zwar in der ersten Abteilung. Der Pfarrer hat Religion unterrichtet und hat vorne ein schönes Bild aufgestellt, wie die Taube über der heiligen Maria schwebte. Und der Pfarrer hat uns erklärt, daß die Maria von der Taube das Jesuskind gekriegt hat. Na, jetzt ist mir alles klar geworden. Da habe ich mir eingebildet, daß ich nun wüßte, woher die Kinder kämen. Ich bin mir so gescheit vorgekommen, und ich habe mich darüber sehr gefreut.

Aber dann, im Sommer, habe ich deshalb ein Mordsgfrett damit gehabt. Ich habe ja wieder in den

Holzschlag hinaufgehen müssen zum Erdbeerbrokken, da war ich ganz allein. Und wenn da oben ein größerer Vogel geflogen ist, habe ich geglaubt, es könnte eine solche Taube sein, und ich habe mich gefürchtet wegen einem Kind. So habe ich mich immer versteckt unter den Jungbäumen, damit mich der Vogel nicht sieht. Denn dann wäre die Mutter auch so ungehalten wie bei meiner Schwester. Und so habe ich begonnen, mich vor großen Vögeln zu fürchten. Darüber habe ich natürlich mit niemandem geredet.

Ja, und etwas später dann, war beim Nachbarn auf einmal ein kleines Kind da. Da habe ich dann die Stalldirn gefragt: „Sag einmal, wo ist denn dieses kleine Kind hergekommen?" – „Ja, das hat der Storch gebracht", antwortete die Dirn. „Ja, aber in Filzmoos gibt es ja keine Störche, ich habe noch nie einen Storch gesehen", meinte ich. Sie hat dann ergänzt: „Die Störche fliegen von weit her. Und überhaupt, die Kinder kommen vom Vögeln." Da war für mich alles klar, denn vor den Vögeln hatte ich seit der Schilderung des Pfarrers große Angst. Und ich hatte so das gleiche Gfrett wie vorher.

Mein Horizont war so eng, daß ich das weiter geglaubt habe und niemanden um Rat fragen konnte.

Ich war dann bereits neunzehn Jahre alt gewesen, als ich durch meine ältere Ziehschwester draufkam, wie eine Schwangerschaft ablief. Ich bin mit ihr in einer Kammer gewesen, und da bin ich draufgekommen. Sie war im Hemd und hatte keine Binden mehr. Manche Mädchen glaubten damals, sie müßten sterben, als sie ihre erste Periode bekamen, weil sie keiner aufgeklärt hatte. Das wußte ich dann wenigstens. Und so war ich nicht überrascht, als das Kind meiner Ziehschwester geboren wurde.

Heute ist das alles ganz anders. Wenn die Kinder heute in die Schule kommen, wissen sie schon alles durch die Eltern, die Geschwister, den Kindergarten, das Fernsehen, die Bilder in den Zeitschriften und so weiter.

Aber woher hätten wir das Wissen nehmen sollen? Es hat ja nichts gegeben. Und es gab viele Tabus, über die man nicht sprechen konnte.

Es wurde auch in der Schwangerschaft keinerlei Rücksicht genommen. Ich selbst hatte öfter Probleme mit dem Magen, aber als ich später selber schwanger war, hatte ich damit überhaupt keine Schwierigkeiten. Ich habe mich besser gefühlt und nie unter der Schwangerschaft gelitten. Ich mußte bis zuletzt jede Arbeit machen. Das war so bei allen Kindern. Ich habe bei der ältesten Tochter, Barbara, noch gemolken, wie die Hebamme gekommen ist. Nach einer halben Stunde war meine Tochter Barbara schon geboren.

Das ist heute unvorstellbar. Aber ich denke mir immer bei solchen Änderungen: „Das, was früher zu wenig war, das ist heute zu viel." Ein Mittelweg ist da leider nie gefunden worden. Vielleicht ist das auch der Grund, warum man in manchen Sachen wieder ganz aufs Alte zurückgeht.

Meine prominenten Freunde

Durch die vielen Lesungen komme ich ganz schön weit herum und lerne viele Menschen kennen. Viele lesen zuerst meine veröffentlichten Lebenserinnerungen, bevor sie mich zu Lesungen einladen. In

Gerlos wurde eine Bücherei eröffnet und einge-
weiht. Da hat mich der Pfarrer zu einer Lesung eingeladen. Da war es so schön. Denn in diese Gegend
bin ich vorher noch nie gekommen und auch seither
nicht mehr. In Gerlos waren nette Menschen, die Gegend war so schön, und alle waren lieb. Ich bekam
ein schönes eingerahmtes Bild als Erinnerung an die
Lesung in Gerlos.

Solche Lesungen bleiben mir dann wirklich in Erinnerung, und ich kann mir dann so im Geist vorstellen, mit den Bildern vor Augen, wie es damals
war.

So macht es mir auch gar nichts aus, wenn ich einige Tage zu Hause bin und Ruhe habe und einmal
keine Besucher habe. Da tauchen mir die Erinnerungen an schöne Lesungen wieder auf. Das ist genau
so, wie der Magen einige Zeit zum Verdauen
braucht, brauche ich einige Zeit, damit ich das wieder erleben und das ganze überdenken kann. Es ist
immer schön, daß ich mich wieder darüber freuen
kann.

Ich habe durch meine Lesungen einen hohen Grad
an Bekanntheit erreicht. So ist es nur natürlich, daß
ich auch einige Prominente kennengelernt habe, die
ich sonst niemals persönlich getroffen hätte, vor allem Leute vom Film und vom ORF. Ich bin mit diesen Leuten in Kontakt, wenn auch nur gelegentlich.
So machte ich Bekanntschaft mit Sepp Forcher, dem
Team vom „Land der Berge" mit Lutz Maurer, Manfred Gabrielli und Bernd Seidel.

Auch mit der Frau Dr. Spira waren die Filmaufnahmen zu ihrer alltagsgeschichtlichen Serie ange-
nehm, und der Film „Keine Zeit für Zärtlichkeit"

wurde wirklich schön. Es war das Haidegg darauf, die Prozession, die Berge um Filzmoos.

Darüber hinaus bin ich mit dem Herrn Krallinger, bei dem Dr. Spira ebenfalls gefilmt hat, in Kontakt gekommen, und der ist so lieb gewesen im Film, als er die Geschichte mit dem Wagerl erzählt hat, die sich bei einem Gewitter im Wald abspielte.

Da ist der Herr Krallinger später mit mir einmal extra nach Abtenau gefahren und hat mir den Platz gezeigt, wo er mit seiner Mutter war, die ihn weggegeben hat, und auch den Wald hat er mir gezeigt, von dem ehemaligen Häuschen hat man nichts mehr gesehen. Man kann sich nicht vorstellen, daß da einmal jemand gehaust hat. Ich bin schon öfter bei Herrn Krallinger und seiner Frau gewesen, und sie fahren mit mir herum und zeigen mir viel, was ich noch nicht kenne.

Wir waren auch bei einem Freund von ihm in Lamprechtshausen, der einmal Hüter gewesen ist bei mir auf der Alm. Ich habe über ihn geschrieben, daß er vom Ersten Weltkrieg auch nicht mehr nach Hause gekommen ist. Das hat gar nicht gestimmt, der ist heimgekommen. Schuld daran war, daß ich keine Verbindung mehr gehabt habe, als ich oben lebte am Haidegg. Ich kam eines Tages nach Eben, dort war eine Nachbarin von diesem Hüterbuben. Ich fragte sie, was mit dem Hüterbub, dem Hauser, eigentlich geworden war, ob er gefallen sei. Sie sagte mir, er sei vermißt und lebe sicher nicht mehr. Ich habe ihr das geglaubt. Aber der Hauser ist aus dem Krieg heimgekommen und hat halt dann vor kurzem aus meinem vorigen Buch erfahren, daß er tot sei. Da hat er mir geschrieben, daß er der Hüter von mir war und noch immer lebte.

Daraus hat sich eine große Freundschaft entwickelt. Und wie der Zufall es will, wurden sowohl der Hüterbub als auch der Krallinger nach dem Krieg Postbeamte. Jetzt kommen sie halt öfter zusammen, von Oberalm bis nach Lamprechtshausen. Ich freue mich sehr, wenn ich zu diesen beiden komme.

Dr. Uitz vom Salzburger Tourismus war auch mit einem Filmteam bei mir.

Ich war auch eine Woche für eine Werbetour mit dem Salzburger Tourismusverband unterwegs, wir waren an vielen Orten, in Deutschland, in der Schweiz in Zürich und haben für das Salzburger Land Werbung gemacht. Am Arlberg war ein Treffen von Verkehrsvereinsleuten aus allen Ländern. Es gab auch einen Bauernmarkt. Nach meiner Lesung kam einer der Senner vom Bauernmarkt auf mich zu, er war fast siebzig Jahre alt und war dreißig Jahre Senner auf der Alm gewesen. Er gab mir ein riesiges Stück selbstgemachten Käse mit und lud mich auf seine Alm ein. Als ich dann auf dem Heimweg in Salzburg ankam, holte mich mein Sohn Franz um Mitternacht ab. Er schimpfte mit mir, weil er mein schweres Gepäck tragen mußte, und meinte: „Mami, warum nimmst du immer so viel Zeug mit? Das brauchst du ja gar nicht." Als ich ihm dann erklärte, daß nicht meine Wäsche so schwer sei, sondern der Käse, mußte er lachen. Der Käse hat uns allen ausgezeichnet geschmeckt.

Es sind dann einige Monate vergangen, bis ich Zeit hatte, die Einladung des Senners anzunehmen. Im Februar 1994 bin ich dann mit dem Zug nach Vorarlberg gefahren. Ich war über eine Woche bei ihnen zu Gast, und das war so schön.

Salzburger Geschichten, Frauen am Berg,
Barbara Passrugger, Filzmoos 1994

Der Tourismusverband des Salzburger Landes hat dann für die Gäste eine interessante Broschüre herausgegeben, in der über Natur, Brauchtum, Kultur, Geschichte und Fremdenverkehr berichtet wird. In diesem Heft ist ein Artikel mit einem Auszug aus meiner Lebensgeschichte unter dem Titel „Frauen am Berg. Mit 83 am Großvendiger" abgedruckt. Mein Foto kam auf die Titelseite des Prospektes vom Salzburger Tourismusverband, an den Händen halte ich die beiden Kinder von Dr. Uitz. Ich erinnere mich noch gerne an die wunderschöne Zeit. Es war immer so nett, wir haben uns gut verstanden und gut unterhalten.

Bei mir ist immer irgend etwas los. Hier bin ich von meinen richtigen Geschwistern sehr unterschiedlich; sie sind eher zurückgezogen und wollen mit niemand Fremden etwas zu tun haben. Mein Bruder Franz war noch eher so, wie ich bin, er ist auch immer gerne auf Unterhaltungen gewesen. Auch ist er durch seinen Beruf als Zimmermann viel unter die Leute gekommen. Florian war auch ein lebenslustiger Mensch. Er konnte sehr gut Zither spielen. Er kam aus dem Krieg nicht mehr zurück.

Ich habe schon überall gelesen

Ich war schon so oft auf Lesungen, daß ich mich nicht mehr genau an alle erinnern kann. Leider habe ich darüber keine Aufzeichnungen gemacht, denn mit so einem Ansturm hatte ich nie gerechnet. Es werden schon rund dreihundert Lesungen gewesen sein.

Der wichtigste Anhaltspunkt ist für mich die Post-Christl. Die Christl arbeitet auf der Post in Filzmoos.

Ich schreibe ihr von vielen Orten, in denen ich eine Lesung habe, eine Ansichtskarte, und sie hat alle fein säuberlich gesammelt und in einem Album geordnet.

Die Idee kam von ihr, denn ich habe sie immer schon gern gehabt, sie ist nicht mit mir verwandt. Ich kenne ihre ganze Familie und mag alle gerne. Zu ihr habe ich den meisten Bezug. Ich schreibe von jedem Lesungsort Karten, oft bis zu zwanzig Stück und noch mehr, an Leute, von denen ich weiß, sie freuen sich darauf; so an die Nachbarn, an eine gute Freundin von Hinterwinkel, an eine recht liebe Frau in Übermoos, mit der ich gerne zusammen bin. An meine eigenen Kinder schreibe ich nur ab und zu.

Der Post-Christl schreibe ich fast immer, weil sie sich am meisten freut. Sie hat für sich ein Album mit meinen Karten angelegt. Und jetzt habe ich mir das kurz ausgeborgt, um es selber mal zu sehen. Ich war überrascht, wie viele Karten es waren. Sie freut sich über die Ansichtskarten, hat ein Bild davon, wie es dort und da ausschaut, und dabei habe ich ihr nur von rund der Hälfte meiner Lesungsorte Karten geschrieben.

Letztlich, an einem Samstagnachmittag, bin ich in Pruggern gewesen, als alle Geschäfte geschlossen hatten. Ich habe das einer Frau gesagt, daß es mir leid tut, daß ich der Post-Christl nicht schreiben kann. Als ich dann zu Hause war, sind aus Pruggern zehn Karten angekommen für mich. Da habe ich gleich eine der Post-Christl gegeben für ihr Album.

Manchmal ist es mir passiert, daß ich Ansichtskarten zwar kaufen konnte, aber keine Zeit zum Schreiben hatte. Da habe ich schon ein paarmal Karten nur so mitgenommen. Wenn ich in der näheren Umgebung bin, da schreibe ich keine Karten, so in

Eben, Wagrain Alternmarkt, etliche Male war ich schon in Radstadt, St. Johann, Hüttau, St. Martin am Tennengebirge und auch noch anderen Orten.

Ich könnte ja jetzt eigentlich anhand der Ansichtskarten in eine Landkarte die Orte all meiner Lesungen eintragen, das wäre interessant. Ich war schon in allen Bundesländern, in Deutschland, in Tschechien.

Schön war es in Güssing in einer landwirtschaftlichen Berufsschule. Der Herr Direktor hat mich vorher darauf aufmerksam gemacht, daß einige schwer erziehbare Kinder dabei wären. Er hat mir angeboten einzugreifen, wenn die Kinder bei der Lesung stören. Aber bei der Lesung war es mäuschenstill, und das hat mich schon gefreut.

Diesen Sommer habe ich weniger Lesungen gemacht, denn da habe ich die Berge im Kopf, da wandere ich viel. Und ich würde mich ärgern, wenn mich der Bergführer zu einer Tour einladen würde, und ich hätte gerade dann eine Lesung.

Es kommen inzwischen immer mehr Autobusse aus Deutschland, zum Beispiel aus Leipzig, die eine Woche bleiben, und bei den Touristen lese ich besonders gern, weil sie sind in Filzmoos, und für mich ist das bequem.

Wenn ich zum Lesen oder Schreiben keine Lust habe, dann mache ich Strickarbeiten.

Durch die Lesungen hat sich mein Alltag entscheidend verändert.

Als ich noch am Haidegg war, habe ich in der freien Zeit, auch wie ich noch nichts geschrieben habe, Knittel gesammelt. Es war mein Hobby, in den Wald hinaufzugehen und Holz zu sammeln. Ich hatte einen Klaubschein vom Förster. Die gebrochenen

Lerchenäste habe ich mit der Scheibtruhe nach Hause gefahren als Brennholz für den Winter.

Ich bin damals aber nie aus Filzmoos hinausgekommen. Mit einigen Ausnahmen. Wir hatten eine Sennhütte, die wir vermieten wollten. Und seit Jahren ist es eine Gruppe von Kölnern, die diese Hütte gemietet haben. Sie haben mich zum ersten Mal 1975 nach Köln eingeladen.

Mein Sohn Sepp nahm mich auch einmal in seinen Urlaub mit, als er zu einem Kollegen nach Südtirol fuhr. Er war in Villanders daheim. Wir haben wunderschöne Tage in den Bergen verbracht, das war 1977. Mit meinem Sohn Franz war ich 1994 im gleichen Haus.

Ja, und jetzt fahre ich im Sommer fast jedes Wochenende weg zu Lesungen. Die Einladungen kommen von Buchhandlungen, Frauenorganisationen, Ortsbäuerinnen, Geistlichen oder Schulen. In den Schulen, da war ich hauptsächlich bei den Schulkindern, die waren so lieb, sie haben sogar ein Theater einstudiert für mich. Für Schüler wähle ich andere Themen aus, so zum Beispiel aus meiner eigenen Schulzeit, damit sie es verstehen. Ich war auch einmal in Wien in einer Schule. Die Schüler sind auf dem Boden gesessen, und der Lehrer hat gesagt, sie können weiter zu mir herrücken, und sie haben sich gedrängt, wer in der ersten Reihe sitzen durfte.

Vor einiger Zeit war ich in Gleisdorf in einer Schule eingeladen. Ich habe vorgelesen über meine Schulzeit und den Kindern von der Kurrentschrift erzählt. Sie waren ganz neugierig und lieb. Für ein Erinnerungsfoto standen die Kinder um mich herum, viele waren schon so groß wie ich, und eines

Klasse 4a aus Gleisdorf mit Barbara Passrugger, Gleisdorf 1995

110

Gleisdorf, 6.4.1995

Liebe Frau Passrugger!

Nochmals herzlichen Dank für Ihren
Besuch bei uns in der Klasse.
Wir glauben, daß die Kinder
Sehr mögen - wir finden Sie
euch ganz lieb!
Zur Erinnerung haben wir euch
Bücher von Ihnen gekauft.
Frohe Ostern und viele schöne
Bergtouren

      wünschen Ihnen
      die 4. a Klasse

Brief der Schulklasse aus Gleisdorf an Barbara Passrugger,
Gleisdorf 1995

der Kinder hat meine Tasche getragen. Kurz darauf bekam ich einen netten Brief der Klasse – er war in Kurrent geschrieben, und ein Foto war dabei. Anscheinend hatte ich einen bleibenden Eindruck bei ihnen hinterlassen.

Durch das Lesen habe ich auch schon einmal im Hotel Sacher in Wien übernachtet. Ich wurde vom Fernsehen zur Sendung Club 2 nach Wien eingeladen. Man hat mich und andere Studiogäste ins Hotel Sacher eingeladen. Dieses Erlebnis verdanke ich auch dem Schreiben.

Es war recht nett in Wien. Bei der Sendung Club 2 war auch eine Bäuerin von Rauris dabei, die siebzehn Kinder hatte. Ihr Mann ist schon gestorben, als das jüngste Kind ganz jung war. Sie hat alle Kinder aufgezogen. Beim ersten Kind hat sie bedauert, einen Fehler gemacht zu haben. Es war Mode, daß man ein Kind mit dem Wagen in die Sonne hinausgestellt hat. Sie mußte aufs Feld gehen, währenddessen sind ein fürchterlicher Sturm und ein Gewitter gekommen. Das Kleinkind hat sich abgedeckt und hat Lungenentzündung bekommen und ist daran gestorben. Da hat diese Frau noch heute dem ersten Kind nachgetrauert und sich die Schuld gegeben. Ein Sohn ist in jungen Jahren an einem Verkehrsunfall gestorben. Fünfzehn Kinder sind ihr geblieben, eine fesche Tochter hatte sie mit dabei in Wien. Als ich dann später meinen Oberschenkelhalsbruch hatte und in Schwarzach im Spital lag, haben mich ein paar Töchter dieser Bäuerin dort besucht und haben mir Blumen gebracht. Ich habe mich darüber sehr gefreut, und die Bäuerin ist das Jahr darauf gestorben.

Eine weite Reise war zu einer Lesung nach Prag im Jahr 1991. Das war auch ganz nett. Da bin ich mit Therese Weber von der Dokumentation lebensgeschichtlicher Aufzeichnungen eingeladen worden, vor den tschechischen Studenten und älteren Menschen zu lesen, die aus Österreich stammten und nach dem Zweiten Weltkrieg in Tschechien geblieben waren.

Barbara Passrugger in Prag nach einer Lesung, Prag 1991

Ich habe dort auch von meinen Bergsteiger-Erlebnissen, vor allem vom Dachstein erzählt, und da haben die jungen Leute gestaunt. Ich war ja zu diesem Zeitpunkt nach dem Oberschenkelhalsbruch noch sehr gehbehindert, ich mußte einen Stock benutzen. Wir haben bei der Leiterin der tschechischen Dokumentation, Frau Dr. Losová, gewohnt und wurden sehr verwöhnt.

Ganz besonders hat mir die Altstadt von Prag gefallen mit den vielen bewundernswerten Sehenswürdigkeiten, so dem Uhrturm, dem alten Judenfriedhof, dem Wenzelsplatz und so weiter. Ein Kollege von Frau Losová hat die kurze Führung mit historischem Fachwissen begleitet. Prag ist eine sehr westliche Stadt. Wir sind viel mit den öffentlichen Verkehrsmitteln gefahren, und meine Begleiterin hatte jedes Mal Angst, wenn ich mit meinem Stock hinkend in die Straßenbahn oder die U-Bahn ein- oder ausstieg.

Auf dem Rückweg nach Österreich haben wir dann über meine Erfahrungen seit der Buchpräsentation und insbesondere über die seither aufgetretenen Probleme mit meinem Sohn Hans diskutiert. Ich habe die Idee geboren, meine aktuellen Erlebnisse weiter niederzuschreiben. Diese Idee habe ich nicht aus den Augen verloren.

Durch meine vielen Lesungen und Einladungen, die mir sehr viel Spaß gemacht haben, bin ich dann nicht richtig zur Ruhe gekommen. Und das Schreiben ist mir eher zu einer trockenen Materie geworden. Daraus ist dann der Gedanke entstanden, daß ich das, was mir noch besser liegt als das Schreiben, nämlich das Erzählen, zur Grundlage für meine weiteren lebensgeschichtlichen Erinnerungen nehmen könnte.

Danach sind mehrere Jahre vergangen. Ich habe hie und da lebensgeschichtliche Erinnerungen schriftlich notiert. Bei meinen Lesungen haben mich die Zuhörer immer öfter gefragt: „Wann kommt dein neues Buch? Du hast ja seither so vieles erlebt, warum schreibst du es nicht auf?"

Ich kam allmählich unter Zugzwang, konnte mich aber auf das Schreiben nicht konzentrieren. So habe ich Therese Weber gebeten, es für mich zu tun, weil wir uns schon so lange kennen und ich ihr vertraue. Sie war skeptisch und hat sich lange Zeit gelassen. Im Sommer 1997 ist sie dann auf einige Tage zu mir nach Filzmoos gekommen, mit einem Tonband und vielen Fragen. So haben wir uns zusammengesetzt, ich habe viele Fragen beantwortet, alte Erinnerungen aufgefrischt, Vergessenes ergänzt – und vor allem über jene Erfahrungen berichtet, die für mich in den letzten fünfzehn Jahren bedeutsam waren.

Kurz vor Weihnachten 1997 haben wir uns erneut getroffen, und ich habe noch einige ergänzende Erzählungen hinzugefügt und Fotos ausgewählt.

Schließlich hat Therese aus meinen schriftlichen Aufzeichnungen und den mündlichen Erzählungen ein Manuskript zusammengestellt, das nach einem weiteren Besuch im Februar 1998 zum ersten Mal vorlag. Ich habe es durchgesehen und einiges korrigiert beziehungsweise ergänzt. Nun freue ich mich schon auf das Buch.

All dies konnte ich nur machen, weil ich durch das Schreiben und Veröffentlichen über Filzmoos hinaus bekannt geworden bin und viele Menschen zu meinen Lesungen kommen und Bücher kaufen. Ohne das Schreiben und Lesen wäre mir wahrscheinlich stinklangweilig, jetzt wo ich keine Knittel mehr sammeln und kein Vieh mehr betreuen könnte. Vielleicht wäre ich auch nicht in dieser Wohnung. Daran ist nur mein Sohn schuld. Er hat genau gewußt, wo er mich angreifen kann, wo ich meinen wundesten Punkt habe. Das war der Entzug von Strom.

Da schaltete er den Strom ab

Mein Sohn wußte, wie ich mich gefreut habe, als wir den Strom bekommen haben, am Haidegg oben. Das war 1957. Wir hatten Licht und Strom für die Seilwinde, das machte mir sehr viel Freude. Er hat mir einfach den Strom abgedreht, weil ich nicht zahlen wollte. Am 2. September, das war der Tag, als ich mit dem Bergführer auf den Großvenediger gegangen bin, hat mir mein Sohn gesagt, daß ich im Monat tausendfünfhundert Schilling für den Strom zahlen muß. Ich habe das gar nicht so ernst genommen, ich habe ihm gesagt: „Geh, was fällt dir ein, das gibt's ja nicht. Ich brauche doch nicht so viel Strom." Er antwortete: „Das ist nicht zuviel, ich wollte eigentlich noch um tausend Schilling mehr verlangen!" Ich habe immer nur gemeint, das ist nur eine Laune, und habe keine Anstalten gemacht, ihm die eintausendfünfhundert Schilling zu geben. Am Abend hatte ich keinen Strom mehr. Er hatte ihn ausgeschaltet.

Na, das war schrecklich, ich kann mich noch erinnern, daß ich an diesem Tag einen Brief geschrieben habe, und zwar bei Kerzenlicht. Ich habe geheult wie ein Schloßhund, weil es mir durch den Kopf ging, wie ich mich damals auf den ersten Strom gefreut habe. Wie haben wir uns angestrengt, daß wir alles zahlen konnten, und jetzt saß ich da in der Finsternis. Ich bin dann zum Trost wieder in den Wald hinaufgegangen und habe dort geheult. Das wurde dann wieder besser beim Heimgehen. Ich habe mir gedacht, das wird schon vorübergehen. Muß ich halt einmal hadern ohne Strom.

Das war Anfang September. Er sagte, ich müsse jeden Monatsanfang eintausenfünfhundert Schilling bezahlen. Es verging aber dann der Oktober, und ich dachte mir, für diesen Monat wird er schon einsehen, daß ich wegen der Lesungen so wenig zu Hause war und keinen Strom brauchte.

Aber am 2. November sagte er: „So, du hast den Oktober nicht bezahlt, nun mußt du für den Oktober nachzahlen und für den November im voraus zahlen, das sind dreitausend Schilling." Ich sagte: „Ich zahl dir überhaupt nichts mehr, kannst tun, was du willst." Er antwortete: „Du kannst auch tun, was du willst. Zahlst den Strom, dann hast du einen, zahlst du nicht, dann hast keinen." Gleich darauf hat er mir den Strom abgeschaltet.

In diesen Tagen kam ein Anruf von den Filmleuten vom „Land der Berge", daß ein guter Film gesendet wird, und ich soll den Sendetermin nicht übersehen. Ja, aber ich hatte keinen Strom mehr.

Ich bin zu meinem Sohn in die Küche gegangen und sagte: „Einen schönen Gruß von den Filmleuten, heute ist der Sendetermin für ‚Land der Berge'. Sei so gut, schalte mir wenigstens den Strom für die Dauer der Sendung ein, weil ich diesen Film sehen will!"

Er ist am Diwan gesessen und hat nicht geantwortet. Da bin ich wieder gegangen. Etwas später bin ich wieder in die Küche gegangen und habe ihn gebeten, den Strom einzuschalten. Er hat weder mit Ja noch mit Nein geantwortet. Inzwischen verging die Zeit, und es war kurz vor Beginn der Sendung. Ich bin wieder in die Küche, und er ist wie vorher immer noch auf dem Diwan gesessen.

Ich sagte ihm wieder: „Hans, schalte mir ein, ich muß den Film unbedingt sehen, sonst gehe ich zu den Nachbarn. Vielleicht gehe ich ins Weitenhaus zu den Nachbarn." Denn ich habe gewußt, daß ich da nicht hingehen sollte. Er antwortete: „Renn hin, wo du willst!" Da bin ich schnell zum nächsten Nachbarn gegangen und habe dort im Fernsehen den Film angeschaut.

Mein Sohn Hans und ich waren früher gut miteinander, als er noch allein war. Der Grund für die Distanz war seine Freundin, damit haben die Probleme begonnen.

Sie hat ihn beim Schifahren kennengelernt. Er war beim Schilift angestellt, und sie war auf Urlaub mit ihrem Vater. Das war im Frühjahr 1988, sie ist ein paarmal mit ihm zum Haus gekommen. Ich habe mir überhaupt nichts dabei gedacht, es ist öfters jemand mit ihm gekommen. Später ist sie mit ihrem Bruder drei Wochen in einem Filzmooser Hotel auf Urlaub gewesen, und sie sind zu mir ins Haus gekommen. Ich habe Tee für sie gekocht und gebakken. Mein Sohn hat sich gut mit ihr unterhalten, und ich habe mir nichts dabei gedacht. Sie sind dann wieder abgereist.

Am nächsten Tag stand ein Auto auf der Tennenbrücke mit einem Kölner Kennzeichen. Ich wunderte mich darüber. Von diesem Tag an ist sie jeden Tag zu Besuch gekommen und auch schon über Nacht dageblieben. Sie hat sich wie eine Klette angehängt.

Mein Sohn hatte früher schon einmal eine Freundin, eine große Bauerntochter aus Liezen. Er hat nach dem Militär den Jägerberuf erlernt, und sie wollte nicht so lange warten und hat einen anderen geheiratet. Das war sehr schlimm für ihn, und er sagte früher immer: „Mit den Weibern ist nichts anzufangen."

Aber dieses Mädchen aus Köln, eine Studentin, hat es gut verstanden, meinen Sohn einzufangen. Nach drei Wochen blieb sie bereits für immer da. Ich bin dann immer mehr hinausgeschoben worden, meine Sachen hat sie hinausgeräumt, und sie hat es nicht gern gehabt, wenn ich mit meinem Sohn geredet habe. Ich bin draufgekommen, daß sie mir zwar schöntat, aber hintenrum meinen Sohn gegen mich aufhetzte. Nach vier Jahren bin ich dann schließlich ausgezogen, ins Dorf hinunter.

Wenn meine Bücher erfolglos geblieben wären, hätte es vermutlich auch kein Zerwürfnis mit meinem Sohn gegeben. Er hat gewußt, daß ich durch die Bücher etwas verdiene, und das war ihm nicht recht. Der Strom war nur ein Vorwand, um mich zu treffen.

Ich habe den Rechtsanwalt in St. Johann angerufen um mich zu informieren, ob er das Recht hatte, von mir Stromgeld zu verlangen. Der Anwalt war krank und hat sich erst Wochen später Zeit genommen, um mich und meinen Sohn persönlich zu beraten. Er hat uns mitgeteilt, daß Hans im Unrecht wäre. Laut Übergabevertrag beinhaltete das Wohnrecht auch den Stromverbrauch und das Recht, in der Küche zu kochen.

Ich entschloß mich zum Auszug vom Bergbauernhof

Ich habe lange überlegt, ob ich das Haidegg verlassen wollte. Geplant hatte ich das wirklich nie. Ich habe ja am Haidegg fast mein ganzes Leben verbracht.

Wie ich gesehen habe, daß ich für den Film auch keinen Strom bekomme, da habe ich dann schon aufgegeben. Ich habe gehofft, er wird schon einsehen. Ich zahlte nicht, und weg blieb der Strom.

Von da an, es waren die Filzmooser Bildungswochen, zu denen ich gern hinging, hatte ich keinen

Strom. Ich bin immer zu Fuß hinuntergegangen, und meine Nachbarin hatte ein Auto, herauf hat sie mich meist mitgenommen.

Meine Nachbarin hatte sich schon gewundert, warum es bei mir immer finster war. Sie hat mich gefragt: „Hast du kein Licht?" Ich habe geantwortet. „Nein." – „Ja, warum gehst du nicht zum Elektriker? Mußt halt sagen, was kaputt ist!" meinte sie.

Dann habe ich ihr die Geschichte erzählt, und sie konnte es kaum glauben. – „Nein", hat sie gesagt, „das gibt es nicht. Wir sind keine Stromsparer, die Kinder haben jedes einen Fernseher, und kochen tun wir auch viel elektrisch und wir zahlen tausendeinhundert Schilling im Monat. Und du müßtest alleine so viel bezahlen" ergänzte sie. Ich kochte ja mit dem Holzherd in der Küche, hatte nur zwei Glühbirnen mit vierzig und sechzig Watt, das Fernsehen und einen kleinen Heißwasser-Boiler mit fünf Litern.

Am nächsten Tag sind wir beide wieder in Filzmoos bei einem Vortrag gewesen. Sie hat mich wieder mit nach Hause genommen. Wir sind ins Dörfl in ein Gastlokal gegangen. Mir war nicht so gut zumute, ich drängte sie bald zum Nachhausefahren. Sie hat geantwortet: „Geh, heim möcht sie, in ihre finstere Bude!" Der ganze Tisch hat gestaunt, und alles war still. „Ja, ist es nicht wahr?" fragte sie mich.

Am nächsten Tag hat mich eine Frau angerufen, um zu fragen, was das im Wirtshaus eigentlich bedeutet habe mit dem Licht. Ich habe es ihr erzählt, und sie machte mich auf eine freie Wohnung im Jägerhaus aufmerksam. Sie nahm mich mit nach Radstadt zu den Besitzern, um zu fragen, ob sie mir die Wohnung vermieten würden.

Ich bekam diese Wohnung.

Am fünfzehnten November 1993 habe ich die Wohnung bekommen. Die erste Nacht habe ich nur geweint. Schon vor dem Weggehen habe ich viel geweint, ich bin dann immer oben zu meiner Fichte gegangen, um mich auszuweinen.

Hier im Tal ging das nicht mehr. Meine Nachbarn haben mich getröstet und waren sehr hilfsbereit. Beide haben mich zum Essen eingeladen und mir beim Wäschewaschen geholfen und waren richtig lieb zu mir. So bin ich leichter über diesen Wechsel hinweggekommen.

Mein Sohn hat kein Wort darüber verloren und spricht bis heute nicht darüber, höchstens übers Vieh. Wenn ich ihn treffe, dann grüßt er nur kurz mit „Servus."

Haidegg im Blumenschmuck, Filzmoos 1986

Für das Haidegg haben wir nur einen Schlüssel gehabt. Und der Rechtsanwalt hat ihm gesagt, daß ich das Wohnungsrecht habe, so lange ich lebe, und daß ich zu jeder Zeit Zugang haben muß. Wir hatten aber nur einen einzigen Schlüssel. So bin ich nach Altenmarkt zu einem Schlüsseldienst und habe mir einen Schlüssel nachmachen lassen. Den haben sie extra anfertigen müssen, denn das war noch ein altes Schloß, so eines gibt es heute nicht mehr.

Der Schlüssel hat ganz gut gepaßt, aber eigentlich nützt er mir nicht. Denn ich bin jedesmal rausgesperrt, wenn er nicht zu Hause ist.

Sie waren selber keine Stromsparer. Der Fernseher ist gelaufen, auch in der Nacht, als schon kein Bild mehr kam. Das Radio hat gespielt, wenn auch keine Katze da war, die zugehört hätte. Die Elektrozäune und noch andere Apparate brauchten viel Strom. Der Strom war eigentlich nur ein Anlaß für den Streit.

Ich kann mir gar nicht vorstellen, wie es mit dem Haidegg in Zukunft einmal weitergehen wird. Ich denke mir, es wird mir so bestimmt sein, und ich will nicht klagen.

Mein Leben im Tal war ganz anders

Das Wohnen im Ort war ganz anders als oben auf dem Berg. Einerseits die enge Wohnung, denn man ist dort ein wenig eingeengt. Man kann natürlich jederzeit ins Freie gehen, aber in der Wohnung selbst konnte ich mich doch nicht so frei bewegen wie auf dem Bauernhof.

Die Wohnung hat in meinem Leben einen neuen Anfang gesetzt. Es war das erste Mal in meinem Leben, daß ich überhaupt in einer Wohnung lebte. Und das war eine richtige Umstellung für mich.

Manche ältere Leute sagen, daß sie so eine Umstellung nicht überstehen würden. Aber für mich hat das nach ersten Problemen nur noch mehr Freiheiten und Freude gebracht.

Die erste Wohnung war mitten im Dorf und soweit ganz nett, aber zu klein. Ich habe mich immer im Dorf umgeschaut um eine größere Wohnung. Da hat es sich ergeben, daß das Salzburger Siedlungswerk in Filzmoos neue Häuser baute. Zuerst war beim Oberhof eine neue Siedlung, da habe ich mich zu spät angemeldet. Dann wurde ich benachrichtigt, daß weitere Wohnungen in der Hachau entstehen würden. Hier habe ich dann meine jetzige Wohnung bekommen.

Meine Wohnung befindet sich in einem zweistöckigen Gebäude am Rande der Ortschaft, im Ortsteil Hachau. Hier leben mehrere Familien, vor allem junge Ehepaare mit Kindern oder alleinerziehende Frauen. Ich bin die einzige ältere Mitbewohnerin. Ich fühle mich aber ganz wohl hier. Vor dem Haus ist eine Wiese, und die Entfernung zur Straße nach Hachau und Ramsau beträgt rund hundert Meter.

Daneben steht ein zweiter ähnlicher Wohnblock, und in der Nachbarschaft ist die Pension Sonneck und das Privathaus des ehemaligen Hoteliers Webinger. Es ist ganz ruhig und sonnig hier. Ganz besonders gefällt es mir, daß der Wald bis an die Hausgrenze heranreicht und daß die Vögel sich in den nahen Bäumen und auf meinem Fensterbrett tummeln, wo ich ein Vogelhäuschen aufgehängt habe.

Das Haus in der Hachau, Filzmoos 1998

Hier wohne ich also jetzt, und es ist wunderschön. Die Sonne scheint herein. Zwar geht mir der direkte Blick auf die Berge ab, aber auf der gegenüberliegenden Seite ist ein Wald, Hoferegg heißt der Teil, und hinter dem Haus beginnt auch gleich der Wald.

Wenn ich Sehnsucht auf einen Blick auf meine Berge habe, dann muß ich zehn Minuten ins Dorf hineingehen, dann sehe ich die Bischofsmütze, weiter rechts den Dachstein, und das beruhigt mich schon wieder. Und da sage ich mir immer wieder: „Ich habe es recht schön hier, ich habe meinen Kleiderkasten mitnehmen können und andere Gegenstände vom Hof, so eine Kredenz, den Kommodkasten, den Glaskasten und eben meinen Lieblingskasten." Das sind Andenken an früher, ein Stück Heimat, ein Stück von meinem Bruder, der den Kleiderkasten in vielen Stunden Handarbeit selbst gefertigt hat.

Der selbstgemachte Kleiderkasten steht jetzt in meinem Wohnzimmer, und er enthält alle meine Schätze, die Kleidung, die Wäsche und die Dokumente. Oben am Sims steht mein alter Name „Barbara Hofer", und es erfüllt mich mit Stolz, daß ihn mein Bruder eigenhändig angefertigt hat. Immer wenn ich ihn anschaue, freue ich mich, daß ich damit ein Stück der alten Heimat besitze, an die so viele Erinnerungen und Erfahrungen geknüpft sind.

Barbaras Lieblingsschrank, Filzmoos 1998

Dann überfällt mich der Gedanke, wie gut es mir doch geht und wie schön ich es hier habe. Dann bin ich wieder zufrieden.

Aber es war anfangs eine arge Umstellung. Eigentlich begann damit ein neues Leben, ein ganz anderes Leben. Früher hatte ich immer die Sorge um den ganzen Bauernhof, um die Viecher, die Felder, die Ernte, das Wetter und so weiter.

Anfangs wollte ich unbedingt meinen alten Küchenherd mitnehmen. Da haben mir alle abgeraten, denn der Herd war für die Wohnung zu groß. Ich kaufte mir einen Elektroherd mit einem Backrohr. Ich konnte in der Wohnung kein Holz lagern, und polizeilich wurde ein Holzofen auch nicht genehmigt. Mein Mattighofener Herd, der so herrlich zum Kochen und Backen war, paßte nicht in die neue Wohnung. Ich war so an das Einheizen mit meinen Knitteln gewöhnt, an das Knistern im Herd, an das Holzholen vom Wald, so daß mir der Herd anfangs sehr abgegangen ist.

Aber mit der Zeit wurde die Umstellung leichter. Wenn ich jetzt von einer Wanderung oder einer Lesung zurückkomme, dann ist es dank der Heizung schön warm in meiner Wohnung, ohne daß ich selber eingeheizt habe. Das ist auch bequem. Früher mußte ich zuerst einmal Späne machen, das Holz herräumen, die Asche ausleeren und den Ruß und Staub wegputzen. Anfangs wollte ich ohne den Herd gar nicht bleiben, aber dann habe ich das eingesehen, und jetzt verschmerze ich den Herd.

Am Haidegg sind noch viele eigene Sachen, die ich noch holen werde, so der Herd, eine Eckbank, ein Gartenhaus.

In das Gartenhaus gehe ich noch gerne. Es steht neben dem Bauernhof. Da habe ich einen Diwan, einen windgeschützten Sitzplatz an der Sonne. Im Sommer habe ich anfangs manchmal in diesem Gartenhaus geschlafen. Wenn ich heute hinaufkomme, ist das noch richtig meine Heimat, mein angestammtes Platzerl. Bei Schönwetter fällt mir dann das Hinuntergehen schon schwer.

Wenn das Schicksal käme und mein Bub sagen würde: „Mama komm auffa!" Da würde ich es schwer überstehen, nein zu sagen.

Wenn ich jetzt wieder oben auf dem Berg wohnen würde, da wäre wieder alles viel beschwerlicher. Allein das Hinauf- und Hinuntergehen vom Berg in den Ort wäre mühsam. Und da denke ich mir, daß mir das Schicksal doch gut mitgespielt hat, daß ich zu meiner Wohnung gekommen bin.

Und das wird jetzt so bleiben. Das kann man sich nicht aus dem Herzen reißen, im Geist bin ich noch oft oben, denke an das Leben von früher und daran, was wir auf dem Berg alles geleistet haben, was es dort an Kummer und Sorgen gab, auch an finanziellen Sorgen.

Manchmal reißt es mich hin und her zwischen der alten und der neuen Heimat. Und dann denke ich an die Vorteile hier in der Wohnung. Ich kann hingehen, wo ich will und wann ich will, ich kann heimkommen, wann ich will. Ich bin ein ganz freier Mensch, und das ist auch hochzuschätzen.

Oben am Haidegg habe ich meine Küche noch nicht ausgeräumt, denn das ist mein Recht, das einzige, das ich dort oben habe. Obwohl ich es nicht benutze, gebe ich das nicht frei, denn das Wohnrecht ist mir geschrieben, so lange ich lebe. Das bleibt, bis ich die Augen zugedrückt habe. Bis dahin habe ich noch einen Zweig Recht, das Wohnrecht, wenn ich es jetzt auch nicht brauche, ist das mein Recht. Und da hat mein Sohn noch nie darauf angespielt, daß ich das ändern soll. Das weiß er, daß mir das zusteht und geschrieben ist.

Ich weiß von anderen, die viel bessere Übergabebedingungen ausgemacht haben. Die haben ein Deputat mit Lebensmitteln, vollkommene Pflege bei Krankheit, das habe ich nicht. Ich habe aber Vertrauen in meine anderen Kinder, mit denen ich recht zufrieden bin, daß sie das einmal machen werden. Ich sage oft zu meinen Kindern: „Paßt auf, ihr könnt euch das Geld für unwichtige Telefonate sparen, denn wenn mir einmal wirklich etwas passiert, dann werdet ihr schon verständigt!"

In meiner Wohnung hier bin ich jetzt ein freier Mensch. Man hört und sieht von niemandem etwas. Mir taugt das Leben so alleine. Vergangene Weihnachten war ich auf vier Plätzen eingeladen. Aber ich habe zu jedem gesagt: „Ich bin heuer das erste Weihnachten in dieser Wohnung, ich will allein bleiben." Das war so schön. In der Stille habe ich an all die Weihnachten gedacht, die ich seit Kinderzeiten erlebt habe.

Das erste Weihnachtsfest im Tal war ich bei Lutz Maurer 1993 und dann noch 1994 bei ihm eingeladen in Bad Aussee, in sein Haus.

Das dritte Weihnachten im Tal habe ich bei meinem Sohn Franz in Salzburg verbracht, und das letzte Weihnachten wollte ich allein sein. Ich bin ganz allein hier in meiner Wohnung gewesen und habe es genossen, in Frieden zu sein, meinen Erinnerungen nachzuhängen. Ich kehrte innerlich in die Welt von früher zurück. Es war so schön. Ich habe mir einen Glühwein gemacht und wunderbar geschlafen.

Ab und zu gehe ich noch auf das Haidegg. Bei schlechtem Wetter macht es mir auch weniger aus, wenn ich aufs Haidegg gehe. Aber bei schönem Wetter gehe ich den alten Weg, den ich früher immer gern gegangen bin. Und da fühle ich mich immer ein wenig bedrückt, da trauere ich dem Haidegg besonders nach.

Ich war ja von 1946 bis 1993 dort oben. Ich hänge ja besonders daran, weil wir so viel aufbauen mußten, und da bedenkt man alles, was an Kummer, Sorgen und Leid gewesen ist. Und jetzt wäre es im gewissen Sinn so, wenn ich meine Gartenhütte und die Wohnung nicht hätte, wäre ich ja unter freiem Himmel.

Zuerst ist mir schon alles so unmöglich abgegangen, besonders der Ausblick auf die Bischofsmütze. Jetzt ist es so, daß ich mich freue, wenn ich hier von meiner Wohnung aus so weit nach Filzmoos hineinkomme, daß ich die Bischofsmütze und den Dachstein sehe.

Es war am Haidegg so, daß mir auch manchmal was nicht zugesagt hat in der Nacht, daß mich was bedrückt hat – wenn aber in der Früh das Wetter schön war und ich konnte die Bischofsmütze sehen, da verspürte ich Erleichterung. Es war die Zeit auch deshalb schön, weil ich noch klettern konnte, weil vorher, am Ende der 20er und Anfang der 30er Jahre, sind wir ja viel auf die Bischofsmütze und auf alle heimatlichen Berge geklettert.

Die Tiere, der Umgang mit der Natur, die Blumen, der Balkon, der Weg in den Garten, das fehlt mir schon sehr. Die Blumen auf dem Balkon, die konnte ich ja nicht überwintern wegen der Kälte. Ich habe jedes Jahr neue gekauft und viel dafür ausgegeben, weil ich so eine Freude an den schönen Blumen hatte.

Am meisten hat mich der Gedanke geschreckt, daß mein Sohn vorhatte, noch um tausend Schilling mehr an Stromgeld zu verlangen. Denn nach ein paar Monaten hätte er wieder mehr verlangt, ich hätte das auch vielleicht bezahlt, und dann wieder – und am meisten Angst hatte ich vor dem Abschalten des Stromes. Mir hat weniger das Geld weh getan als die Frechheit, daß er mir den Strom jederzeit abdrehen konnte.

Ich habe mir gedacht, daß wir so viel geleistet hatten, und jetzt wurde das gar nicht geschätzt – überhaupt nicht. Wenn ich jetzt auf das Haidegg komme, ist es genauso wie früher, sogar noch mehr, wenn ich auf die Alm komme.

Auf die Alm komme ich viel öfter, weil ich dort Ruhe habe, und weil dort keiner hinkommt.

Ich war ja immer Sennerin auf der Alm und da kommen mir so Gedanken, was haben wir alles beim Aufbau der Hütte geleistet. Beim Mondschein haben wir Sand geführt, in der Nacht, als die Kinder geschlafen haben und nicht an mir hingen, denn sie waren ja doch noch klein. Wenn ich von dem Graben herausgehe, denke ich daran, was wir alles geleistet haben. So viel Arbeit, das schafft eine Verbundenheit.

Hier in der Wohnung war ja alles fertig, als ich hierherkam. Wenn man sich aber etwas selbst schaffen muß, dazu hat man eine andere Beziehung. Es ist heute noch so, daß ich es oft schwer überwinden muß. Manchmal denke ich mir: „Geh lieber doch nicht aufs Haidegg, dann druckt es nicht so!" Oft kann ich nicht widerstehen, es zieht mich eigentlich hinauf.

Und das war schon immer so, daß ich auf der Alm eine größere Freude hatte als am Haidegg. Und ich habe lange Jahre das mitgemacht, daß ich immer hin- und hergegangen bin. Ich habe die Kühe drüben auf der Alm gehabt, habe die Kühe versorgt, die Milch verarbeitet, bin nach Hause gegangen und habe Heuarbeit gemacht bei schönem Wetter. Bei Schlechtwetter habe ich im Garten gearbeitet, den mein Mann angelegt hat. Da hatten wir Rüben drinnen. Manchmal bin ich naß bis auf die Haut gewesen, und trotzdem bin ich so ohne Umziehen auf die Alm gegangen zu den Kühen.

Diese körperlichen Sachen habe ich leichter ausgehalten als seelische Probleme, sie haben mich mehr bedrückt.

Das Glück habe ich immer wieder, daß ich mir denke: „Was soll ich hadern? Das ist mir auferlegt, das muß ich nehmen, wie es kommt. Da habe ich mehr davon, wenn ich mich abfinde als wenn ich mich dagegen sträube."

Und das erleichtert mich wieder, und so komme ich darüber weg.

Nachher denke ich mir wieder, wie gut es mir geht, wie wenig ich zu beklagen habe und wie gesund ich für mein Alter bin. Ich habe das große Glück, daß ich in die Natur hingehen kann, wo es mich mein Leben lang seit meiner Kindheit hingezogen hat. Dadurch bin ich hier recht zufrieden und glücklich.

Mein Sohn lebt jetzt oben auf dem Hof, nach Filzmoos runter kommt er fast nie. Wenn er im Winter nicht beim Schilift angestellt wäre, käme er nicht unter die Leute. Zum Einkaufen fahren sie auswärts.

Seine Kölner Freundin hat einmal gesagt, die Filzmooser wären „doofe Landeier", und ich habe sie gefragt: „Warum hast du dir so ein doofes Landei genommen?" Sie antwortete: „Meine Maus ist kein doofes Landei."

Sie führt den Haushalt. Ich habe seinen Geschmack gekannt und mir was angetan, daß es ihm schmeckt. Sie hat sich, wie ich noch gekocht habe, schon einiges abgeschaut, so wie Germnudel. Sie hat auch nach Rezepten gekocht. Sie ist um vierzehn Jahre jünger als er.

An meinem letzten Geburtstag war ich zufällig am Haidegg oben, aber er hat nichts gesagt.

Ein blöder Wunsch von mir wäre es, wenn er eine andere Schwiegertochter brächte, mit der ich mich vertragen würde, da hätte ich eine große Freude. Vielleicht schätzt er mich dann, wenn ich einmal tot bin. Aber davon habe ich dann nichts mehr.

Jemand, der selber keine Kinder hat, kann das vielleicht nicht so verstehen. Mich wundert es, warum sie keine Kinder haben. Es würde mir schon schwerfallen, wenn sie Enkelkinder hätten, und ich müßte sie am Haidegg besuchen. Das ist schon eine sehr bittere Erfahrung für eine Mutter.

Inzwischen habe ich viele andere Welten kennengelernt, bei meinen Lesungen, beim Bergsteigen oder im Urlaub. Dieses Jahr war ich mit meinem ältesten Sohn, Franz, auf Mallorca, das ist eine ganz andere Welt.

Als wir aus dem Flugzeug ausgestiegen sind, habe ich gesehen, daß sich die Palmen im Wind biegen. Ich habe gleich meinen Anorak angezogen und mein Tuch umgebunden, wie ich es von zu Hause gewohnt war. Aber das war ein so warmer Wind, da konnte man sich ausziehen. Das Wetter in den Bergen ist eben ganz anders.

Barbara Passrugger auf Mallorca, 1997

Mein Lieblingstier

Auch die Bauernarbeit und die Bedeutung von Tieren auf dem Bauernhof waren völlig verschieden. Tiere machten viel Arbeit, boten aber die Sicherheit des Überlebens. Man konnte nur wenig kaufen und

133

produzierte fast alle Lebensmittel selber auf dem Hof, wie Milch, Butter, Käse, Fleisch, Mehl, Honig und so weiter.

Die Tiere waren in erster Linie Nutztiere. Haustiere im heutigen Sinne zum Schmusen und Streicheln kannte man nicht. Sogar Hunde wurden für einen bestimmten Zweck angeschafft, so zum Bewachen der Herde oder zum Jagen.

Mein Sohn ist Jäger von Beruf und hat sich vor Jahren einen jungen Hund mit acht Wochen gekauft. Das war ein echter Jagdhund von einem Hundezüchter – eine Dachsbracke. Mein Sohn war oft außer Haus, und der Hund hat sich an mich gewöhnt. Der Hund ist immer mit mir mitgegangen, ich habe ihm auch allerhand beigebracht, und schließlich hat sich der Hund nur mehr an mich gehängt.

Wenn ich irgendwo hingegangen bin, durfte der Hund mit. Wenn ich aber den schönen Mantel angezogen habe, ist der Hund unter den Tisch gekrochen, weil er gewußt hat, ich gehe ins Dorf, da durfte er nicht mit. Ansonsten, wenn ich rausging, durfte er immer mit auf die Alm, in den Wald um die Knittel, das hat er gekannt. Er war auf mich fixiert. Ich habe ihn zum Teil an die Leine nehmen müssen, damit er nicht auf die Jagd geht.

Mit dem Hans hat er dann gar nicht mehr gehen wollen, er hat ihn an die Leine nehmen müssen, damit er mit ihm mitging, und das hat ihm nicht zugesagt. Das war dann nicht mehr sein Jagdhund, sondern nur mehr mein Hund. Mit mir hat niemand Spaß machen oder näher zu mir hergehen dürfen, so um den Hals nehmen, das ging nicht mehr, denn da hat der Hund schon gebellt. Ich habe ihn dann zurückrufen müssen, und er hat mich verstanden, wie wenn ich mit einem Menschen reden würde.

Als ich dann eines Tages von einer Lesung heimkam, das war nach dem Jahr 1983, ist mir schon aufgefallen, daß mir der Hund nicht entgegengekommen ist. Denn sonst hatte er, weil er so intelligent war, mich schon bemerkt, bevor er mich sehen konnte, und ist mir immer entgegengerannt.

Ich habe Hans, der vor dem Haus stand, gefragt: „Wo ist denn die Senta heute?" – „Ja", hat er gesagt, „da mußt du bei der hinteren Haustüre hinausschauen!" Das ist mir komisch vorgekommen, denn der Hund blieb ja nicht bei der Haustür. Ich habe mich gefragt, warum der Hund eingesperrt war.

Dann habe ich bei der hinteren Haustür hinausgeschaut, da ist der Hund gelegen – in einer Scheibtruhe. Er rührte sich nicht. Ich ging hin und sah, daß er tot war. Da hat mir mein Sohn gesagt, daß er beim fahlen Mondlicht oben auf dem Hang einen Fuchs beim Wildern gesehen und auf ihn geschossen habe. Es war aber kein Fuchs, sondern unser Hund.

Ich war ganz entsetzt und unglücklich und konnte ihm gar nicht so recht glauben, daß ausgerechnet er als gelernter Jäger unseren Hund mit einem Fuchs verwechselt hatte.

Ich habe mir den Hund präparieren lassen, damit ich ihn immer ansehen und bei mir haben kann. Ich hätte es nicht über Herz gebracht ihn einzugraben. Das Präparieren war schon teuer, aber darum war mir nicht leid. Am liebsten hätte ich mir meine Lieblingskuh auch präparieren lassen, aber das ging nicht. Wie ich dann ins Tal gezogen bin, habe ich den präparierten Hund mitgenommen.

Wenn jetzt Besucher in meine Wohnung kommen, beobachte ich sie, wie sie auf den Hund reagieren. Manche beachten ihn gar nicht, andere geben sich als Hundeliebhaber zu erkennen und fragen mich danach. Diejenigen, die Hunde lieben, die sind mir auch lieber. Das ist genau so wie bei denen, die die Berge lieben.

So hat der Hund noch heute einen schönen Platz in meinem Wohnzimmer und in meinem Herzen.

Barbaras Lieblingshund Senta, Filzmoos 1998

Ich habe mir dann am Haidegg gleich einen neuen Hund zugelegt. An meinem Namenstag, Anfang Dezember, habe ich in der Zeitung gelesen, daß in Filzmoos Hunde zu verschenken wären. Ich habe Hans gefragt, ob ich zu meinem Namenstag einen solchen Hund haben könnte. Er war nicht richtig begeistert, hat aber gemeint, ich solle ihn mir holen. Meinen Enkelkindern, die dann am Sonntag kamen, habe ich davon erzählt. Sie hatten so eine Freude, daß sie gleich nicht mehr Mittag essen wollten. Wir sind bei Sturm und Schnee um den Hund gegangen und hatten viel Freude mit dem jungen Hund. Er sah Senta ähnlich.

Ich habe nicht bedacht, daß sich am Haidegg vieles verändert hatte. Früher kamen kaum Menschen oben vorbei, aber jetzt, mit dem Schilift, war viel mehr los. Der Hund hatte die Unart, daß er freundlich zu den Leuten war. Und er ist mit ihnen mitgelaufen bis zur Schihütte, dann hat er oft die Leute verloren und ist alleingeblieben. Er oft wildern gegangen, da haben sich die Jäger beschwert, daß er in die Rehe käme. Da sind viele Probleme entstanden. Es ist auch ein Unterschied zwischen einem jungen und einem alten Hund.

Ich habe nicht gewußt, was ich mit dem Hund tun sollte. Deshalb habe ich ihn einschläfern lassen.

Später habe ich mir noch mal einen Hund genommen, da war es genau dasselbe. Der ist mit Spaziergängern weggelaufen, hat nicht mehr heimgefunden und ist wildern gegangen.

Die Frau vom Sohn meines Bruders am Rettenegg hatte zwei Hunde, die wurden beim Wildern vom Jäger erschossen. Ich habe ihr meinen Hund gegeben, und er ist dann an ihr gehängt und hat die Untugend bekommen, wenn sie Hendl hatte, daß er diese zerbissen hat. Sie hat ihn dann einschläfern lassen. – In meiner Wohnung kann ich keine Tiere halten.

Ich habe die Vögel vor dem Fenster, die füttere und beobachte ich. Schließlich bin ich jetzt auch zu oft weg.

Kürzlich habe ich einen Brief von einer Bekannten erhalten, die schrieb, wie sehr sie um ihren toten Hund trauerte, wie unglücklich sie nun wäre, wie sinnlos ihr Leben wäre. So eine Tierliebe wie zu einem Kind hatte ich nie.

Wir hatten da oft Kälber, die waren so lieb. Da kam der Metzger, man wußte genau, daß sie geschlachtet wurden. Da wirst du als Kind schon abgehärtet, bevor du Bäuerin bist.

Ich habe einmal eine Henne gehabt, die wollte ich mir behalten. Das war mein Liebling. Auf einmal kamen die Nachbarskinder und sagten mir, daß die Henne tot auf dem Weg lag. Der Habicht hatte sie erwischt, sie war ihm aber zu schwer, und er ließ sie liegen.

Da hilft nichts, mal wird auch ein Vieh krank. Wenn ich wußte, es war keine Aussicht, daß ein Vieh gesund wurde, war ich eher fürs Schlachten als für das Leidenlassen.

Bei den Schafen war eines, das ging im Kreis, fiel hin, hob sich wieder hoch. Das Schaf ist abgestochen worden, es ist alles gegessen worden.

Wenn ich jetzt höre über BSE in England, von dieser schrecklichen Seuche, das ist für mich unvorstellbar, daß man Viecher mit dem Futter wieder totes Vieh fressen läßt. Wir haben aufgepaßt, daß die Rinder nichts vom Fleisch bekamen. Es ist falsch, daß man von verendeten Tieren wieder Tierfutter produziert. Rinder sind nur Pflanzenfresser.

Viecher kann man ersetzen, im Stall werden die verkauften Viecher mit jungen Tieren ersetzt. Von den Tieren züchtet man selber Junge.

Plötzlich war ich selber berühmt

Bei den Menschen ist das anders. Meinen Sohn habe ich verloren, den kann man nicht ersetzen. Mein Sohn ist nicht mein Feind, aber mein Freund ist er auch nicht mehr. Diese Kluft wurde doch indirekt durch das Schreiben ausgelöst, das heißt, durch die Veröffentlichungen, die Bücher, die Filme, die Lesungen, meine Bekanntheit . . .

Es gibt schon einige andere Leute, die mir eher feindlich gesinnt sind. Aber ich ignoriere sie, ich gehe vorbei, grüße sie, und mir ist es nicht wichtig, ob sie mich zurückgrüßen. Aber es sind ganz wenige, die sich abgewendet haben.

Das kommt vom Fernsehen her, da bin ich geschätzt, und das möchten sie lieber selber sein. Sie wissen aber nicht, wie sie zu so einer Bekanntheit kommen.

Es ist eben ein bißchen ein Gfrett, ich will das nicht betonen.

Eine ablehnende Haltung verspüre ich eher bei älteren Leuten, von den jungen gibt es nichts Negatives.

In der Gemeinde Filzmoos bin ich gern gesehen. Der jetzige Bürgermeister ist ein lieber Mensch, und so belanglose Sachen berede ich mit ihm. Ich habe mir schon überlegt, ob ich ihn fragen sollte, daß er einmal mit meinem Sohn über unser Problem sprechen könnte, denn er täte sich furchtbar schwer, wenn er quasi vermitteln müßte. Seine Mutter ist kürzlich gestorben. Ich war bei ihrem Begräbnis, und er hat seine Mutter sehr verehrt. Er ist ein lieber Mensch. Am

Gemeindeamt sind sie wirklich alle freundlich zu mir.

Wir haben auch einen ganz lieben Pfarrer, und den Direktor der Volksschule und seine Frau, die jetzt in Pension sind und in Altenmarkt wohnen, weil sie von dorther sind, schätze ich sehr. Und der Pfarrer, der grüßt mich immer und winkt mir, wenn er mich wo sieht, das freut mich schon sehr, und ich bin damit sehr zufrieden; obwohl ich nur zu Begräbnissen in die Kirche gehe.

Besuche auf dem Friedhof

Wenn ich nach Filzmoos gehe, so gehe ich jedesmal allein in die Kirche und auf den Friedhof zu den Gräbern meiner Geschwister, zum Ziehbruder, zu Daniel, dem Sohn meines Bruders, der auf der Bischofsmütze abgestürzt ist, und zu den Söhnen meiner Schwester, wo einer auch abgestürzt ist beim Bergsteigen, und dann zum Bruder Hans und Bruder Franz, zum Ziehbruder vom Oberhof, zu den Kriegsteilnehmern vom Ersten und Zweiten Weltkrieg, denen gebe ich dann immer Weihwasser und einen Gedanken. Mein Sohn, der an Krebs gestorben ist, hat sich der Anatomie vermacht, und er ist nach Graz gekommen, das hat er alles so bestimmt. Auch mein Mann hat seinen Körper der Anatomie vermacht und ist nach Innsbruck gekommen. Da gibt es keine Gräber.

Seine Spuren sind in meinem Gedächtnis und in meinem Körper verankert. Ich habe schließlich fünf Kinder von ihm.

Der verstorbene Sohn war bei der Firma Voglauer, und er hat hier in Filzmoos einige dieser schönen

Kästen seiner Firma verkauft. Und noch heute sagen einige, die solch einen Kasten haben, daß sie sich dadurch oft an den Seppe erinnern.

Von Seppe habe ich einmal eine Erscheinung gehabt. Ich bin spät schlafen gegangen und habe nachts lange gelesen. Es hat mich dann nicht mehr interessiert, ich hatte aber keinen Schlaf mehr. Ich lag auf dem Rücken und war ganz wach. Plötzlich habe ich mich gewundert, warum von der Seite Licht ins Zimmer fiel. Das Licht ist immer heller und größer geworden, und auf einmal ist in dem Licht der Sepp drinnen gewesen, wie er jünger war. Ich schaute im Bett, setzte mich auf und wollte heraussteigen und sagte: „Seppe!" Da ist er zur Wand hin und hat gesagt: „Mama, ich bin heute heimgekommen." Ich wollte zu ihm gehen, und da sagte er: „Der Göd ist auch heute heimgekommen." Dann war die Erscheinung weg.

Ich habe von dieser Erscheinung einmal einer Frau, die zu Besuch aus Bayern zu mir kam, erzählt. Sie hat mir bestätigt, daß dies bedeutete, der Herrgott habe viele Wohnungen, und mein Sohn hätte nun eine davon.

Bleibende Erinnerungen an meinen Mann sind die Bäume, die er gesetzt hat oben am Haidegg. Die Bäume sind jetzt schon sehr groß, und ich gehe manchmal hin und schaue sie mir an.

Wir lebten dreizehn Jahre als getrennte Eheleute

Der Tod meines Mannes im Jahre 1996 hat mir schon weh getan. Ich bin ja nach seinem Wegzug aus Filzmoos nach Oberösterreich dann öfter zu meiner jüngsten Tochter hingefahren, wo er gewesen ist. Er hat ja dort für sie in Vöcklamarkt eine Bauernwirtschaft gekauft. Aber wir sind nicht zerstritten gewesen. Er ist immer recht interessiert gewesen, was es bei den alten Filzmoosern Neues gab. Nur war er immer harb, das heißt beleidigt, weil er sich eingebildet hat, ich sollte in seinem Zimmer schlafen.

Er hat meine Bücher gelesen und hat auch den Film „Land der Berge" über mich gesehen. Er hat gesagt: „Na, jetzt hat sie es richtig gesagt, wie es gewesen ist." Er hat wohl meine kritischen Bemerkungen im Buch gelesen, war aber im Geiste nicht mehr fähig, das genau zu erfassen. Er hat sich nichts mehr merken können, ist nicht mehr ganz mitgekommen. Einmal habe ich ihn mit meinem Sohn Franz besucht, da war die Tochter Steffi nicht zu Hause. Er hat uns aufgesperrt und voller Freude gerufen. „Die Mami kommt, ja, der Franzi bringt die Mama." Die Steffi ist dann nach Hause gekommen, und wir sind alle zu einer Jause am Tisch gesessen, wir haben diskutiert, und auf einmal sagt er: „Mami, wenn du mir immer gefolgt hättest, dann wäre alles ganz anders gekommen!" Der Franzi hat gesagt: „Vater, hör auf mit deinen Sachen von früher!" Da hat sich alles wieder gelegt.

Der Franz hat mit meinem Gatten zuerst schon etwas mitmachen müssen, denn das war ja nicht sein Kind, den habe ich schon mit in die Ehe gebracht. Aber nachher hat mein Mann gesagt, der Franzi besucht ihn ja öfter wie seine eigenen Kinder. Er hat ihm öfter etwas mitgebracht, Schuhe und Hemden, das hat dann viel gegolten.

Die Kinder haben damals schon mitbekommen, daß es in unserer Ehe nicht harmonierte. Im nachhinein denke ich mir, daß die Buben davon schon beeinflußt wurden. Beim Seppe war viel schuld, daß er bei seiner Freundin, an der er sehr gehängt ist, Schiffbruch erlitten hat. Er hat dann ein körperliches Leiden bekommen und ist jung an Krebs gestorben, das war zu Weihnachten 1981, da war er 32 Jahre alt. Er hat bis zuletzt zu Hause gewohnt, das war schon ein schwerer Schlag für mich.

Ich habe mich von meinem Mann im Jahre 1983 getrennt, ohne eine Scheidung anzustreben. Sein Auszug war am 27. Oktober 1983. Er hatte für die mittlere Tochter eine Landwirtschaft gekauft, und es fiel ihm nicht schwer wegzugehen, er war Bauer mit Leib und Seele, seine Lieblingsviecher hat er mitgenommen, ebenso seine Bienen und Schafe. So hat er sich in seiner neuen Heimat recht wohl gefühlt. Obstbaumsetzen war sein Hobby, und die gediehen in der wärmeren Gegend viel besser als bei uns in 1300 Meter Seehöhe.

Die Trennung war schon ein wenig sensationell damals. Auch die Nachbarn haben sich gewundert und hatten nicht bemerkt, daß wir miteinander nicht auskommen konnten. Die Nachbarin hat gemeint: „Da habe ich nichts gemerkt. Da habe ich blöd geschaut, daß er jetzt dahin ist."

Ich glaube aber nicht, daß es deswegen eine üble Nachrede gab. Denn in gewissem Sinne hat er sich ja mit den Umliegenden schwer getan, weil er nirgends hinging.

Meinem Mann haben sie das verübelt. Meine Nachbarin hat mir einmal gesagt: „Du selber bist hinausgelaufen (das heißt in die Haushaltungsschule in Oberalm bei Hallein und dann auf den Gutshof, den Wenghof in Radstadt), und dein Mann ist auch ein Ausländer, da er nicht aus Filzmoos stammt, sondern aus Kleinarl, und da mögen sie dich nicht so." Ja, ich war den ganzen Zweiten Weltkrieg auswärts.

Später einmal habe ich meinen Mann gefragt, ob wir uns nicht doch scheiden lassen sollten.

In den letzten Jahren war ich durch meine Lesungen viel weg. Jetzt sind ja viele wirkliche Ausländer in Filzmoos, jetzt sind sie das ja schon gewöhnt.

Mein Mann hat sich nie so richtig befreunden können, mit den Nachbarn sowieso nicht, seit sie gewußt haben, daß ich das Haidegg übernehmen werde, denn sie hätten das vielleicht auch gerne gekauft. Jetzt war da ein bißchen eine Mißstimmung. Einige haben meinen Mann schon auch sekkiert. Er hat junge Bäume gesetzt, das war sein Hobby, die haben sie ihm öfter ausgerissen.

Und auf die Latten von einem Viehtor haben sie draufgeschrieben „Kleeschaber", das ist so viel wie Geizkragen. Das war er in gewissem Sinn auch, weil er nirgends hingegangen ist. Wenn manchmal Besuch, meistens alte Bauern, gekommen ist, habe ich gerne eine Jause hingestellt, denn das habe ich schon bei meiner Ziehmutter gesehen.

Da hat er oft gesagt: „Wenn ich nicht hierher gekommen wäre, hättest du das ganze Haidegg schon verschenkt." Ich habe ein Glaserl Schnaps ausgeschenkt, und das hat er nicht gerne gehabt. Ich glaube, es ging ihm nicht nur um den Schnaps, sondern darum, daß ich Gesellschaft gehabt habe.

Im nachhinein wundert es mich noch heute, daß er, wo er nicht gern Besucher sah, nichts gesagt hat, wenn der Schmied-Benei gekommen ist. Das war sein bester Freund. Nie hat er mir Vorhaltungen gemacht, daß er nicht hätte kommen dürfen, da ist er nicht einmal zur Arbeit gegangen, da ist er bei ihm sitzengeblieben. Und wenn er in der Woche nicht zweimal gekommen ist, da hat er schon gefragt, was denn mit dem Benei wäre.

Und er hat gewußt, wie das früher mit uns gegangen ist. Wieso er das getan hat, das kann ich bis heute nicht begreifen. Sie haben zusammen diskutiert, und er hat eine Freude damit gehabt. Da hat er bei ihm sitzen können, und da hat Arbeit Arbeit sein können.

Die Sache ist schon Jahre zurückgelegen, der Schmied ist ja verheiratet gewesen. Er ist dann eingesperrt worden, weil er Bürgermeister in der Nazizeit war, und er ist als kranker Mann zurückgekommen, und zwar erst nach unserer Hochzeit. Aber er hat mich dann besucht. Und dem habe ich Jausen geben können, und da hat mein Mann nie etwas gesagt, daß ihm etwas nicht gepaßt habe. Ich habe ihn aber auch nicht gefragt, warum ihm das nichts ausgemacht hat. Denn auf der einen Seite war ich froh. Das war mein größter Fehler, daß ich gar nicht gefragt habe, warum er ihn gerne mag.

Das ist nur eine der vielen Fragen, die ich in meiner Ehe nicht gefragt habe. Denn es galt das Motto: „Über das wird nicht geredet!"

Es war auch ein großer Fehler, daß ich von Haus auch nicht probiert habe, mit ihm zu reden. Ich weiß nicht, ich habe sicher gewußt, daß man mit Streit nicht weit kommt mit ihm.

Er hat gesagt, das ist so, und damit war es fertig. Das war bei meinem Mann so ähnlich wie bei meinem Sohn Hans.

Ich habe automatisch nachgegeben, ohne überhaupt zu streiten, weil ich gewußt habe, ich komme doch zu keinem anderen Ergebnis am Ende. Ich habe es eigentlich nur selten probiert, da habe ich bei jedem gesehen, da komme ich nicht hin, da kann ich nicht daran rütteln. Manchmal habe ich nicht nachgegeben und mich mit meinem Kopf durchgesetzt. Ich war schon oft so verdrossen und habe schwere Gedanken gehabt. Da habe ich dann alles liegen und stehen lassen, da sind mir die Kinder und alles andere egal gewesen, und da bin ich oftmals nachmittags um zwei Uhr durchgegangen auf den Rettenstein, wenn das Wetter schön gewesen ist.

Auf dem Rettensteingipfel habe ich die ganze Freiheit genossen. Dann bin ich wieder hinunter, und wenn ich auch alles nacharbeiten habe müssen, das hat mir nichts ausgemacht. Mir ist dort oben auf dem Berg viel weggenommen worden. Vielleicht macht das die Einbildung aus, oder ist da irgendwie etwas oben auf dem Gipfel, das man nicht begreifen kann? Durch diese Flucht auf den Berg bin ich einem Streit aus dem Weg gegangen und habe mir eine Befriedigung geschaffen.

Streiten, das habe ich nie probiert. Ich glaube nicht, daß ich das geschafft hätte. Das habe ich auch bei meinem Sohn nie probiert. Wie er gesagt hat, ich könne tun, was ich wolle, wußte ich Bescheid. Wenn ich ihn dreimal bat, den Film anschauen zu dürfen, und er antwortete, statt einzuschalten, mit den Worten „Renn hin, wo du willst!", da wußte ich, ich mußte zum Nachbarn fernsehen gehen.

Mein Mann lebte bei unserer Tochter, und sie hat ihn gut gepflegt. Im Jänner 1996 ist er dann im 87. Lebensjahr gestorben.

Partezettel Hans Paßrugger, 1996

Kindliche Prägungen und Veränderungen

Viel liegt es auch an der Art, wie ich selber aufgewachsen bin. Das macht viel aus. Ich habe schon als Kind bei Streit oder Problemen die Flucht ergriffen, ich bin in den Wald, zu meinem Lieblingsbaum, auf den Berg und habe den Streit vermieden.

Es war einmal ein Vorfall am Oberhof, da bin ich schon in die Schule gegangen. Da hat mich eine Dirn bei meiner Ziehmutter verklagt, daß ich am Tag beim Wassertragen nicht fleißig gewesen wäre. Sie waren am Feld, es war ein heißer Tag, sie hätten Durst gelitten, und ich hätte viel mehr Wasser tragen sollen. Das Wasser kam von einem Bründl, von einer richtigen Quelle weg, ungefähr zehn Minuten Fußweg. Meine Ziehmutter hat mich nicht gestraft, aber sie hat der Dirn erlaubt, sie darf mich in den Saustall sperren.

Das hat die Dirn gemacht, das war am Abend, es war schon fast finster. Der Saustall war frei, weil die

Sauen im Sommer auf der Alm waren. Da hat sie mich eingesperrt, und ich hatte eine wahnsinnige Angst, eine furchtbare Angst, weil mir da immer etwas über die Füße gekrabbelt ist. Und ich hatte ja keine Schuhe an, und immer wieder krabbelte etwas an meinen Beinen. Nachher hat sie mich dann doch ausgelassen, und ich bin geschwind ins Bett gegangen, ohne Nachtmahl.

Am anderen Tag war schlechtes Wetter, meine Ziehmutter hat mir erlaubt, auf die Alm zu gehen. Da hatte ich eine große Freude, und ich bin hineingerannt in die Alm, weil mich die Sennerin sehr gern gehabt hat. Ihr habe ich manchmal etwas sagen können. Der Sennerin Apollonia habe ich von meiner Angst im Saustall erzählt. Sie hat gesagt, daß das nur die Mäuse waren, die sich im Sommer im Saustall aufhielten, die hätte ich nicht fürchten brauchen.

Aber seither habe ich ein Grausen vor den Mäusen. Wenn ich eine Maus sehe, graust mir. Und es sind halt schon Sachen gewesen, die ich schon als Kind mit mir selber habe verarbeiten müssen. Das kommt dann schon viel vom Aufwachsen her. Ich habe gelernt, Widerspruch ist gefährlich, das probiert man besser nicht.

Mit meiner Rolle als Frau hatte ich eigentlich keine Probleme, denn da war vieles festgelegt, und ich unterwarf mich immer dann, wenn ich keine Aussicht auf Erfolg sehen konnte.

Heute komme ich drauf, daß die Männer eben Männer bleiben sollten. Man braucht oft, so wie es bei mir ist, einen Mann. Ich kann Schrauben nicht lockern oder Dosen nicht aufmachen oder beim Übersiedeln schwere Kästen nicht tragen. Da braucht man die

Manneskraft. Bei der Arbeit ist die Männerarbeit vielfach höher einzuschätzen aufgrund der Körperkräfte.

Im allgemeinen sollte das Verhältnis von Männern und Frauen ausgeglichen sein.

In der Arbeit stehen die Männer höher als die Frauen. Sie zählen mehr. So sind für mich die Söhne wichtig, ich habe mich aber gefreut, als Barbara, die erste Tochter, auf die Welt kam. Ich bin davon ausgegangen, daß mir das schon bestimmt war. Damals gab es keine Verhütung, und ich hätte das auch nicht getan.

Bei der Heirat habe ich gleich gemerkt, daß sich mein Mann verändert hat. Wenn wir vorher einige Monate zusammengelebt hätten, wenn er so richtig neben mir gewesen wäre, und er wäre so gewesen wie zu der Zeit der Ehe, da hätte ich ihn nach zwei Monaten nicht mehr geheiratet.

Kaum hat er den Hof übernommen, hat er sich verändert. Denn zuerst hat er mich gedrängt zu übergeben, denn es würde nicht gehen, wenn er Knecht wäre, denn dann hätte ich ihm einen Lohn geben müssen, und wo hätte ich einen Lohn hergenommen, wo ich meine Ersparnisse schon aufgebraucht hatte mit der Hochzeit und dem Begräbnis meines Bruders Stefan, das ich bezahlen mußte.

Das habe ich mir gespart beim Sennerinsein auf der Sparkasse in Radstadt. Nach den Kriegsjahren vom Zweiten Weltkrieg habe ich sogar eine Bestätigung vom Bürgermeister gebraucht, wozu ich dieses Geld brauche, sonst hätte ich es gar nicht bekommen, mein eigenes Geld.

Ja, und nach der Übergabe Anfang Dezember, da war es augenblicklich anders. Nur er hat gefragt werden müssen. Das hat er bei seinem Knechtsein gesehen, daß es wichtig ist, daß der Bauer anschafft.

Er hatte dann zu sagen, was geschehen muß, was gekauft oder verkauft wird.

Es hat sich aber in unserer Welt so viel geändert, es hat ein solch rascher Wandel nach dem Zweiten Weltkrieg eingesetzt, daß es nicht mehr wie früher bleiben konnte. Darüber habe ich ein Gedicht gemacht, das ich öfter vorlese. Der Titel lautet „Ja Frühra!", und das Gedicht beschreibt die frühere Rolle der Frauen.

> Ja Frühra!
>
> Schluss paßte aus!
> Die Frau die ghört ins Haus,
> des wor ja no des Schöne,
> zan Nochbarn umi tratschn renna
> des hots a frühr a nit gebn
> drum wor a no des schöne Lebn.
>
> Mei liabe Mu, Du host gonz recht
> wars frühr gings den Fraun sehr schlecht,
> sie worn jo an den Herd gebunden
> hobn nochschaun müassn ol holb Stunden
>
> Es gangat amol ju Feier aus
> wonn Frau zlang wor, aus dem Haus
> doch seit die Technik Einzug holten
> is mit dem Spruchwort aus dem olten.
> Den so a moderna Supaherd
> der is da wirkli goldenes Wert
> Mit Mikrowelln, Heißluft u. olle ondan Finessen
> kocht er jo gonz alluan dös Essen
> u. Deine Frau die guate Fee
> die geht derweilen auf Gaude.
> I moan Du konnst dös nit bestreiten
> Ja, so ändern si die Zeiten.

Es gab in meinem Leben viele entscheidende Veränderungen von außen, aber auch selbst verursachte Änderungen. Schlüsseljahre für gravierende Veränderungen waren für mich die Jahre 1983, dann 1987 und dann 1993 – da haben jeweils neue Lebensabschnitte begonnen.

Im Jahr 1983 ist mein Mann nach Oberösterreich gezogen, da hat für mich die Freiheit begonnen.

Im Jahr 1987 haben wir dem Sohn übergeben. Aber es war bald auch so, daß ich nichts mehr zu sagen gehabt habe. Er hat zu wenig geschaut auf die Viecher, die hat er viel zu wenig gut gehalten, die sind dann mager geworden. Er hat dann mit dem Tierschutz Schwierigkeiten bekommen, und ich habe ihm auch oft gesagt, im Herbst, wenn es schon kalt war und schon Schnee gewesen ist: „Hansi, tu doch die Viecher rein, die sind so arm!" Er hat geantwortet: „Misch dich du nicht mehr ein, das geht dich eh nichts mehr an!"

Und das habe ich mit der Zeit auch aufgegeben. Ich habe das gar nicht so gerne gehabt. Besonders gehaßt habe ich Schimpfwörter, die haben mich geschmerzt. Und so habe ich wieder einen Rückzug gemacht, wenn ich genau gewußt habe, ich komme nicht weiter. Solche Fälle sind dann oft gewesen.

Ich fand meinen inneren Frieden

Vieles hat sich durch das Schreiben verändert. Ich stelle mir vor, daß ich einsamer wäre, wenn ich nicht geschrieben hätte: Weil mir durch das Schreiben so viel reinkommt. Ich habe viel Freude seither erlebt.

Ich habe viele neue Freunde gewonnen, und das ist in meinem Alter schon recht ungewöhnlich. So ein Glück haben nur wenige. Denn bei den meisten alten Menschen sterben immer mehr Bekannte weg, und sie finden keinen Anschluß mehr und vereinsamen.

Ich weiß nicht genau, ob ich meinen Frieden für immer gefunden habe. Ich habe schon durch das Schreiben und dadurch, daß ich mit so vielen zusammenkomme, das positive Denken mehr entwikkelt für mich selber. Früher hatte ich mehr Gedanken über die Wirtschaft, über das Vieh. Heute denke ich mehr über Menschen nach.

Es gibt mir einen inneren Frieden, wenn mir andere Leute sagen: „Ja, Barbara, wie du mir das geraten hast, habe ich selber zum schöneren Leben gefunden. Ich habe mich aufraffen können, ich habe vieles eingesehen, das besser geht, wenn ich es so mache, wie du mir geraten hast." Und das bringt auch mir viel.

Ich stelle mir da oft vor und sage, wenn ich mit dem Herrgott rede: „Vielleicht hast Du mir deswegen das Leben erhalten, wo ich schon so am Abgrund gewesen bin, daß ich seitdem hätte wissen müssen, daß ich heute anderen Leuten raushelfen kann, so wie ein Schutzengel, nicht so sehr beschützen als aus dem Schweren herausheben."

Und das haben mir viele schon bestätigt, und solche Bestätigungen freuen mich. Das macht mir eine richtige Freude. Weil mir vorkommt, wenn sie das angenommen haben, was ich ihnen geraten habe, und ich habe ihnen nur das Beste geraten, niemals gesagt: „Das mußt du machen!" – Dann habe ich eine Freude damit.

Der gute und der böse Geist

Ich habe meinen inneren Frieden gefunden. Ich bin meinem Sohn nicht mehr böse, daß er mir das angetan hat, daß ich weggehen mußte. Er ist auch nur ein Mensch.

Ich bin der festen Überzeugung, daß auf dieser Welt zwei Geister umgehen, der böse und der gute, aber der böse Geist beeinflußt die Menschen böse, und wenn du auf diesen hörst, bist du auf dem falschen Weg. Hat aber der Mensch die Kraft, den bösen Einflüsterungen zu widerstehen, dann handelt er gut, und das wäre das Heil der Welt. Jesus hat gewollt, daß unter die Menschen ein anderer Zeitgeist käme, das wäre der gute Geist gewesen.

Meinen inneren Frieden verdanke ich dem guten Geist. Innerlich bin ich mit niemandem feind.

Bei Leuten, denen mein Schreiben nicht paßt, die ignoriere ich, auf sie bin ich nicht böse. Ich habe keinen Grund.

Innerlich habe ich mich verändert, ich bin gleichgültiger, toleranter geworden. Ich habe mehr Mitgefühl mit jedem, ob er auf der bösen oder guten Seite steht. Denn er kann nichts dafür, denn es ist Schuld des bösen Geistes.

Ich kann meinen Herrgott nicht sehen, aber ich spüre, er ist da. Viele werden sich denken: „Die spinnt!"

Wenn ich auf einem Weg gehe und bemerke junge Bäumchen, da sage ich zu ihnen: „Du bist auch vom Herrgott erschaffen, vielleicht darfst du aufwachsen." Das ist genau so wie in der Natur, wo die junge Pflanze dem ausgesetzt ist. Auch im Menschenleben ist es ähnlich. Manche sagen zu mir:

„Jetzt habe ich dich nicht erkannt. Du wirst ja immer kleiner. „Da haben sie recht", denke ich mir, „denn immerhin bin ich ja inzwischen fast 88 Jahre alt."

Ich habe das bei meinem Nachbarn beobachten können. Zuerst hat er gesagt: „Nein, das gibt es nicht, von zu Hause bis zum Haidegg gehe ich jederzeit." Er hat immer weniger gegessen und getrunken, und er ist so zusammengeserpt (das heißt für mich verwelkt) und ist immer schwächer geworden. Er war zu schwach zum Hin- und Hergehen, nachher ist das Bankerl gekommen, und die Gedanken hatte er oft sonstwo. Er wurde immer schwächer, hatte keine Schmerzen. Er hat immer weniger geraucht, ist bettlägerig gewesen und ist tatsächlich zusammengeschrumpft. Er hat so leise geschnauft, daß sich die Tochter schon gedacht hat, er würde nicht mehr leben. Und nachher hat er ihr zu verstehen gegeben, daß er rauchen möchte. Sie hat ihm die Zigarette zwischen die Finger gesteckt, und da ist er gestorben.

Wie eine Blume, die serpt auch zusammen, das ist Natur, es ist ja der Herbst und der Winter.

Der Mensch lebt ja nach der Natur. Zuerst kommt der Frühling, wo man hüpft und springt. Dann kommt der Sommer, wo die Zeit schon ernster wird, und dann kommt der Herbst, da fängt man schon an zu denken. Und dann kommt der Winter, in dem bin ich jetzt. Wie die Natur im Winter unter der Schneedecke ruht, ruht der Mensch. Der Mensch wird wieder zu Erde. Ob der Staub dann wieder Leben aufbringt, das weiß ich nicht. Keiner weiß, was er vorher gewesen ist. Das, glaube ich, kann niemand ergründen.

Mein Glaube und die Kirche

Der Glaube war für mich immer bedeutsam. Seitdem ich im Tal herunten wohne, gehe ich immer in die Kirche, wenn ich in den Ortskern gehe. Da bin ich allein in der Kirche und kann andächtig zum Herrgott beten. Für mich ist nur der Herrgott wichtig. Sonntags gehe ich nie in die Messe. Es stört mich, daß einen alle groß anschauen. Ich mag gerne alleine in der Kirche sein, da kann ich tatsächlich andächtig beten um Gesundheit, ich danke dem Herrgott. Das gibt mir wieder viel Kraft, das spüre ich. Wenn ich aber die vielen Leute herum habe, da komme ich nicht dazu. Nachher bin ich auch ein bißchen ungeduldig, die Messe läuft immer gleich ab, das dauert mir zu lange.

Wenn die Kirche alles nachahmen würde, was Jesus gelebt hat, wäre es ganz anders. Die Kirche hat zuviel Macht, die Leute mußten früher viel aushalten. Im 17. Jahrhundert zum Beispiel, weil sie wegen des Glaubens auswandern mußten, das ist für mich schlimm. Denn nur wegen der Macht der Kirche mußten sie viel leiden.

Eine junge Frau ist irre geworden. Sie hat ein lediges Kind von einem Protestanten gehabt, von der Grenze zur Steiermark, und sie hat so viel deswegen aushalten müssen. Jeder nimmt das nicht gleich schwer. Sie wurde verachtet, weil sie etwas Ehrenrühriges getan hat. Deswegen war sie eine Schande für die Gemeinde gewesen.

Diese Sachen halte ich für schlimm.

Wenn ich heute jung wäre, würde ich nie abtreiben, das käme nicht in Frage, daß der Mensch über Leben und Tod entscheidet.

Die Pille würde ich vermutlich auch nicht nehmen, denn ich glaube, daß ich das, was mir bestimmt ist, annehmen würde.

Durch den Kontakt mit fremden Menschen und die Anerkennung, die ich durch meine Bücher und meine Lesungen gewonnen habe, bin ich selbstbewußter geworden und ich traue mich auch, über meinen persönlichen Glauben offen zu reden. Denn dazu hatte ich früher oft keinen Mut, obwohl ich mir über dieses Thema schon viele Gedanken gemacht habe.

Ich meine, daß es besser wäre, wenn die Frauen, die wissen, wann ihre fruchtbaren Tage sind, dies besser einhalten würden. Das wäre das Natürlichste. Es ist schon schwer, wenn die Kinder nacheinander zur Welt kommen und vieles zu leisten ist.

In bezug auf die Ehe bin ich gar nicht dafür, daß das kirchliche Gebot gelten soll: „Bis daß der Tod euch scheidet!"

Wenn nämlich zwei Menschen draufkommen, daß sie wirklich nicht miteinander leben können, dann ist es viel besser und auch für die Kinder zuträglicher, wenn sie ohne Schwierigkeiten auseinandergehen können. Ein Eheleben ohne Liebe ist wie ein Leben in der Hölle auf Erden.

Wenn ich heute jung wäre und wie früher mit meinem Mann zusammenleben würde, da würde ich mich scheiden lassen, glaube ich. Ich habe es bei meinem Mann geschätzt, daß er so fleißig war, denn ich habe auch nichts anderes gesehen als die Arbeit. Er hat nicht getrunken, nichts geraucht. Mit 36 Jahren habe ich erst geheiratet, fünf Kinder hatte ich dann noch. Aber wenn ich heute vierzig wäre, würde ich nicht mehr in allem nachgeben.

Ich bin auch dagegen, daß die Kirche geschiedene Menschen negativ beurteilt, daß sie nicht mehr zur Kommunion gehen dürfen. Mir kommt das verwerflich vor, daß sie so in die Enge getrieben werden. Ich würde mir in so einem Fall nicht so viel drausmachen, dann würde ich eben nicht zur Kommunion gehen. Vielleicht werde ich ja auch einmal beim Jüngsten Gericht wegen meiner Ansichten verurteilt.

Zwei meiner Kinder sind zu den Zeugen Jehovas gegangen. Vielleicht haben sie keinen Anschluß gefunden. Das muß man den Zeugen Jehovas lassen, daß sie sich um ihre Leute kümmern. Sie kommen zu ihnen. So kann es sein, daß jemand umgezogen ist in eine andere Ortschaft und niemanden findet. Und vielleicht wird er auch noch von der Seite angeschaut. Die Zeugen Jehovas kommen aber zu diesen und trösten sie, kümmern sich um sie. Ich glaube, daß das mit ein Grund war, warum zwei meiner Töchter zu den Zeugen Jehovas gegangen sind. Verurteilen tue ich sie nicht, aber bei den Sekten ist es auch so, daß die hohen Häupter anschaffen und sich erhalten lassen. Aber die kapieren das ja nicht, daß das eine Art Diktatur ist.

Das ist ja beim katholischen Glauben auch nicht anders, da profitieren auch die hohen Häupter. Da gibt es einen Hirten, und die Schafe rennen alle hinten nach. So ein Schaferl will ich gar nicht sein.

Der Vater hat zu uns gesagt, als ich noch jung war und über so etwas noch nicht nachgedacht habe: „Laßt jedem seinen Glauben, das ist sein Recht!" Er war ein sehr ernster Mensch, hie und da hat er Spaß gemacht und Ziehharmonika gespielt. Die Unterhaltung war nur daheim bei uns Geschwistern, und wir haben nach der Musik getanzt. Seinen Ausspruch hat er ergänzt und gemeint: „Wir wissen ja auch nicht, ob wir den richtigen Glauben haben. Denn schließlich muß ein jeder seine Haut selber zum Lederer tragen." Das heißt, jeder muß selbst dafür geradestehen, was er im Leben recht oder nicht recht gemacht. Mir kommt vor, daß es am wichtigsten ist, wenn man menschlich ist, wenn man einen Menschen annimmt.

Wenn ich wandern gehe, und es kommt mir jemand entgegen, der finster dreinschaut, denke ich mir, was für schwere Gedanken er wohl haben muß. Wenn wir dann aufeinandertreffen sage ich: „Grüß Gott! Wo gehst du hin, wo kommst du her, oder wie war das Wetter?" Da wird der Mensch ein bißchen geweckt. Manchmal setzen wir uns dann auf ein Bankerl und unterhalten uns gut, da wird gelacht. Das ist dem Menschen gegenüber eine Hilfe. Mehr, als wenn ich in der Kirche in der ersten Reihe sitze.

Nicht hingehen und sich denken: „Das ist auch ein Spinner, der geht vorbei und grüßt kaum." Da laß ich nicht nach und sage „Grüß Gott!", überhaupt, wenn es ein einzelner Mensch ist, denn wer alleine ist, der hat es irgendwie doch schwerer im Leben. Irgend etwas bedrückt ihn, sonst würde er nicht finster dreinschauen. Aber das ist zum Auflockern. Ich habe so auch solche Menschen, die ich nicht kenne, angesprochen und gefragt, ob es ihnen hier bei uns in Filzmoos gefällt. Manche erzählen mir, woher sie kommen, einige besuchen mich und haben eine Freude dadurch, daß sie erfahren haben, wie es früher war.

Und das ist so ein bißchen eine Mission. Das ist so eine ähnliche Methode, wie sie die Zeugen Jehovas anwenden. Die kommen zum Haus – ich selber habe einmal viel mit ihnen gesprochen, so wie man sagt Bibel studiert. Das waren zwei junge Leute, die später geheiratet haben. Beide waren bei der Sekte, und ich habe gerne mit ihnen geredet. Und ich habe mir davon einige Sachen herausgenommen, von denen ich mir gedacht habe, daß sie gar nicht so schlecht sind. In einigen Punkten sind sie besser auf dem Weg als die Kirche. Da soll jeder in die Kirche hineingehen. Die Zeugen Jehovas gehen zu den Leuten, das ist so, wie Christus das gemacht hat, der ist auch zu den Leuten gegangen.

Darüber spreche ich mit meinen Töchtern, sie haben aber auch ihre eigenen Ansichten. Ich predige das Motto meines Vaters: „Laßt jedem seinen Glauben!" Das ist für mich ein Wegweiser. Als er das gesagt hat, war ich siebzehn oder achtzehn Jahre alt. Aber wenn man jung ist, da denkt man sich „Na ja, was der Vater schon sagt!" und beachtet das nicht. Wenn man selber älter ist, erinnert man sich daran und fängt an, über solche Sachen nachzudenken.

Im Rettenegg, im alten Bauernhaus, das noch steht – ich weiß noch so genau, wo der Vater gewesen ist, wo wir beim Tisch gesessen sind; da hab ich es dem ältesten Bruder, Hans, überlassen, den Vater zu fragen, wieso die Ramsauer Protestanten und doch seine besten Freunde sind. Daraufhin hat er gesagt: „Merkt euch gut in eurem Leben, was der Mensch glaubt, das soll er haben, das ist seines!"

Auf das halte ich. Und das ist wichtig, wenn man so wie ich Enttäuschungen erlebt hat.

Ich bin früher wirklich viel in die Kirche gegangen, das Beichten ist mir weniger gelegen. Meine eigenen Kinder mußten am Sonntag auch immer in die Kirche gehen, so lange sie in die Schule gegangen sind.

Als die Buben etwas älter waren, waren sie einmal so bös, weil sie nicht zur Kommunion gehen konnten. Das war so: Wir wollten alle zusammen auf den Rettenstein gehen, und das vormittags. Wir haben sie deshalb zur Frühmesse geschickt, daß sie zur Kommunion gehen können. Aber sie durften nicht gehen, weil es hieß, die Kinderkommunion ist erst in der nächsten Messe, beim Hochamt. Sie mußten also dann noch zwei Stunden warten, mußten nüchtern bleiben wegen der Kommunion. Das war für die beiden so schlimm. Sie warteten dann im Ort bis zur nächsten Messe.

Als sie nach Hause gekommen sind, haben sie gesagt: „In die Kirche bringst du uns nimmer." Der Vater hat überhaupt gemeint, daß sich die Lumpen irgendwo rumtrieben und nicht nach Hause gingen. Ich habe gewußt, daß da irgend etwas passiert sein mußte, denn sie sind mit einer solchen Freude in die Kirche gegangen, weil sie sich auf den Ausflug so gefreut haben.

Es war eine Seltenheit, daß der Vater einmal mit uns ging. Beide Buben haben dann gesagt: „Wenn ihr uns in die Kirche zur Kommunion schickt, gehen wir in den Wald hinaus." Wir wußten uns nicht zu helfen und konnten sie nicht mehr zwingen.

Als sie dann aus der Schule waren, ist keiner mehr in die Kirche gegangen. Die älteren Mädchen haben es dann auch so gemacht, für sie war das so eine Art Schock.

Früher sind alle im Ort in die Kirche gegangen, ob sie wollten oder nicht. Das war in meiner Kindheit noch so. Nur einige Männer haben sich während des Hochamtes schon hinter der Kirche aufgehalten.

Durch den Tourismus hat sich vieles verändert.

Oft hört man, daß die Angestellten keine Zeit für die Kirche haben, es ist zu viel Arbeit.

Es sind auch Scheinheilige in der Kirche, da bin ich lieber nicht dabei. Die gehen und haben dabei ganz andere Gedanken. Manche gehen, weil es die Eltern oder die Godl oder die Geschäftskunden oder sonst wer so will, aber nicht aus eigener Überzeugung.

Bei Begräbnissen gehe ich für die Verstorbenen, die meisten habe ich gut gekannt, die bleiben mir im Gedächtnis, das sind Gemeindeangehörige, und die Gemeinde ist eine große Familie.

Der Stellenwert des Pfarrers ist heutzutage gesunken. Schon in der Haushaltungsschule ist jede Woche zweimal ein Herr von Salzburg gekommen, der uns aufgeklärt hat darüber, was die Bischöfe getrieben haben, daß sie so viele Kinder hatten. Ich habe damals angefangen, ihn zu hassen und nicht zuzuhören. Ich habe mir gedacht: „Er ist gemein und erfindet Dinge über Bischöfe und die Vertreibung der Protestanten." Da habe ich mit mir selber gekämpft. Durch das Lesen eines Buches, das mir eine Engländerin gab, die in Filzmoos war, habe ich viel über die Schandtaten von Päpsten und Bischöfen erfahren.

Selber habe ich auch Enttäuschungen erlebt. In meiner Jugend war die Chefin vom Wenghof, meinem Dienstplatz, so gut zu mir, sie hat mir noch am Haidegg geholfen. Sie hat mir einmal gesagt, ich kann in die Kirche gehen, wie ich will, sie gehen nicht, denn sie sind gottgläubig und haben mit der Kirche nichts zu tun.

Diese Frau war zu mir so gut, sie hat mir gute Sachen zum Essen gegeben. Im Haidegg war sie die einzige, die mir oftmals Lebensmittel gab. Sie hat mir Christbaumschmuck gegeben, von dem Christbaum, den die Gefangenen hatten, für die ersten Weihnachten am Haidegg.

Dann ist sie gestorben. Der Arzt hat ihr geraten, keinen starken Bohnenkaffee mehr zu trinken, sonst bekäme sie einen Herzinfarkt. Sie hat aber gemeint, wenn sie aufhört mit dem Kaffeetrinken, dann würde sie auch sterben. Und so war es dann. Sie hatte einen Herzinfarkt. Man hat mich verständigt über den Begräbnistermin. In Radstadt bin ich zu ihrem Begräbnis gegangen, es waren nur Leute dort, die sie kannten. Hinten, in der Ecke des Friedhofes, hat sie ein Grab bekommen. Denn sie war ja nur gottgläubig. Es war kein Priester dabei. Wie ich vom Friedhof wegging, ist mir ein Pater begegnet, den ich gut kannte, er fragte: „Du wirst doch nicht heute bei dem unchristlichen Begräbnis gewesen sein?" Ich sagte: „Selbstverständlich!" – „Dann kannst du dich dementsprechend schämen", meinte der Pater. Das hat mir gereicht.

In meinem Leben gab es immer wieder Enttäuschungen auch mit den christlichen Bauern. Ich ging kurz nach dem Krieg zu christlichen Bauern, die immer in die Kirche gingen, in der Hoffnung, daß sie Nächstenliebe hätten. Ich hatte kein Korn zum Ansäen und bat sie um Saatkorn. Aber keiner hat mir etwas gegeben. Keiner hat selber etwas gehabt, auch wenn er noch so viel gehabt hätte. Sie werden sich gedacht haben, ich hätte kein Geld und könnte nichts zahlen.

Bauersleute, die selber wenig hatten, die haben mir geholfen. Ich habe den Samen für die Herbstsaat von ihnen bekommen und so ein schönes Korn ern-

ten können, das schönste in ganz Filzmoos. Da muß
irgendwo der Segen drinnen gewesen sein, von einem höheren Wesen. Was soll ich dann von jenen
halten, die so viel in die Kirche gehen? Sie geben dir
kein Körndl in der Not.

Da bin ich dann distanziert geworden. Ich würde
von mir sagen, daß ich an Gott glaube.

Aus der Kirche bin ich aber nicht ausgetreten. Als
mein Mann verstarb, habe ich eine Vorschreibung für
die Zahlung des Kirchenbeitrages bekommen. Ich habe einen Brief geschrieben, mit dem Spruch: „Laß
dich nicht ängstigen, nicht dich erschrecken! Alles
geht vorüber. Gott allein bleibt derselbe. Wer Gott
hat, der hat alles. Gott allein genügt." Wenn sie etwas
von mir verlangen, schlage ich einen anderen Weg
ein. Ich habe es niemandem angeschafft, daß ich ge-
tauft werde. In meinem hohen Alter sollte ich noch
dafür zahlen? Mein Mann hat immer bezahlt. Seither
habe ich Ruhe. Sie wußten, ich würde austreten. Das
würde ich auch machen, denn ich bin mit der Kir-
chensteuer nicht einverstanden, weil das nicht gerecht ist. Jeder kann zahlen, nur ich tue es nicht.

Ich verlange nichts, mache nichts kaputt, wofür
soll ich zahlen, wenn ich nichts davon sehe? Wenn
ich eine Zeitung bestelle, dann weiß ich, daß ich sie
bezahlen muß.

Beim Spenden tue ich mich schwer. Ich möchte es
den Betroffenen selber geben. Wenn ich für die Kinder Süßigkeiten kaufe, haben sie eine Freude. Da sehe ich was.

Jemand, der Einsicht hatte in Spendengelder, er
ist schon gestorben, hat mir gesagt: „Wenn du wüß-
test, wo das Geld hinkommt, würdest du keinen

Schilling geben." – Ich möchte wissen, wem ich etwas gebe.

Wenn ich im Sterben läge, könnte mich ein Pfarrer besuchen. Aber die Letzte Ölung würde ich nicht brauchen, das mache ich mir mit meinem Herrgott selber aus. Da werden manche denken, ich wäre deppert. Ich gehe auf meinen Wegerln und Steigerln allein herum und rede mit Gott: „Himmelvater gehen wir miteinander, setzen wir uns zusammen auf ein Bankerl. Du weißt alles von mir, weißt, ich bin ein Mensch, Du bist das höchste Wesen, bitte verzeihe mir meine Fehler."

Reden ist Silber, Schweigen ist Gold

„Reden ist Silber, Schweigen ist Gold!" Dieses Sprichwort galt früher bei uns. Es wurde vieles gemacht, ohne ein einziges Wort zu wechseln, bei der Arbeit war alles klar, jeder Handgriff saß, er konnte blind gemacht werden, da gab es nichts zu bereden. Bei der schweren körperlichen Anstrengung wäre es oft schwer gewesen, viel zu reden. Die Einsamkeit der Bergbauern hat viele zu verschlossenen Menschen gemacht. Sie mußten vieles mit sich selber ausmachen. Es gab höchstens den Beichtvater, dem man sich anvertrauen konnte. Die Beichte hat einen vom Bösen befreit, wer daran gelaubt hat.

Ich bin da in meiner Familie eher die Ausnahme, was das Reden anbelangt, ich rede gerne, erzähle gerne. Ich bin schon früher gerne in Gesellschaft gewesen. In meinem Erwachsenenleben hatte ich dazu keine Gelegenheit, es gab ganz wenige, die gekommen sind, ich hatte keine Zeit zum Reden. Es kamen höchstens Bauern zu Besuch, ich bin dann gerne bei ihnen sitzengeblieben, auch wenn ich wußte, jetzt müssen die Viecher im Stall etwas länger warten. Ich habe gerne mit ihnen diskutiert, überwiegend über die Bauernwirtschaft, über Kälber, Schafe, die Almen.

Wie ich Sennerin war auf der Karalm bei St. Martin, da sind viele Besucher gekommen, vor allem am Wochenende. Da ist dann auch mal was getrunken worden. Der Hüter, der dabei war, hat sich Bier raufgeschleppt. Es gab auch Schnaps und manchmal Wein. Da war es für mich lustig und interessant. Das spüren auch die anderen, ob man mit dabei war oder sich denkt: „Wenn du gehen würdest, wäre mir das lieber."

Das habe ich schon immer gehabt. Denn am Oberhof sind immer viele Leute gekommen, das war ein großer Bauernhof. Es war kein Bauer da, die Mutter war schon Witwe. So sind alle zu ihr gekommen, auch Männer, und ich habe mitbekommen, daß sie immer so freundlich war. Da ist kein Mensch gekommen, der nicht irgend etwas bekommen hat, ein Schnapserl, einen Kaffee, ein Butterbrot.

Ich war immer daneben, habe zugehört und so vieles gewußt und mich ausgekannt, daß es nicht so ist, wie es sein sollte. Früher mußten die Kinder sofort hinausgehen, wenn sie einen Wirbel machten. Mir ist es gelungen, dabei zu bleiben, weil ich so still war und mich nicht gerührt habe. Diese Erfahrungen haben mich geprägt.

Das war auch der große Unterschied zwischen mir und meinem Mann. Er hat nie Gäste eingeladen, ist nie geblieben, wenn die Nachbarn kamen. Er hat mir nur Vorwürfe gemacht, weil ich mich bei meiner Arbeit verspätete. Ich wußte, daß ich nacharbeiten mußte. Er hat das nie wollen. Vielleicht auch deswegen, weil er ganz anders aufgewachsen ist. Er war ein Ziehkind, das nie in die Gemeinschaft eingebunden war, so wie ich. Meine Ziehmutter hat mich auch auf Besuche mitgenommen.

Von meiner Schwester der Bub hat aus enttäuschter Liebe mit keinem Menschen mehr geredet. Er war ganz einsam auf der Alm. Besonders Männer reden nicht viel und verachten jene, die gerne reden.

Frauen sind da schon gesprächiger. Aber gegen heute waren Frauen eigentlich auch eher verschlossen. Sie wußten, wenn irgend etwas war, mußten sie es ertragen. Da gab es kein Jammern oder gar ratschen gehen. Viele haben alles verdruckt, wenig gesagt.

Bei mir hat vielleicht alles zusammen geholfen. Die Erziehung, ein quecksilbriges, rühriges, aufmerksames, kritisches Nachdenken, das Erleben von Enttäuschungen.

Wenn ich gemerkt habe, daß meine Ziehmutter weinte, hätte ich ihr so gern geholfen, aber ich habe nicht gewußt wie. Ich habe mir am Ende des Schulalters nicht zu helfen gewußt. Da habe ich viel beobachtet. Da habe ich gesehen, es geht wieder, sie ist wieder gut drauf, da ist es mir auch besser gegangen. Ich freute mich und habe sie auf Wegen begleitet und vielleicht unbewußt geholfen.

Durch meine Lesereisen rede ich oft mit Fremden. Das habe ich früher nicht gemacht. Als Sennerin habe ich mit Besuchern geredet, aber nicht in diesem Ausmaß.

Die Umstellung, mit fremden Menschen zu reden, ist mir nicht schwer gefallen. Und auch so ist mir aufgefallen, daß bei Lesungen die Veranstalter manchmal so aufgeregt sind, mir macht das überhaupt nichts aus. Ich mache mir nichts draus. Meine Kinder fragen oft: „Mami, wo bist du wieder?" Oft weiß ich nicht, wem ich bereits zugesagt habe, aber die werden sich schon melden, denke ich mir dann.

Oftmals habe ich nicht gewußt, wem ich zugesagt habe. Aber die meldeten sich dann schon, darauf habe ich mich verlassen. Oft fuhr ich mit dem Zug so nach Innsbruck, Kitzbühl, Hopfgarten, Kirchberg oder Going. Und da habe ich mich buchstäblich auf die Veranstalter verlassen.

„Du bringst die Termine durcheinander, wenn du dir nichts aufschreibst", warnte mein Sohn, aber so viel merkte ich mir schon, daß ich wußte, um diese oder jene Zeit habe ich schon einen Termin vereinbart.

Inzwischen schreibe ich mir die Termine in den Kalender, weil es so viele sind.

Meine Anhänger und die Fanpost

Gefühlsmäßig freue ich mich, wenn jemand sagt „Ich kenne dich, ich habe dich schon im Fernsehen gesehen", aber ich bin deswegen nicht überheblich. Es merkt mir niemand an, ich benehme mich nicht anders.

Das ist für mich so, daß mich diese Anerkennung aufrichtet. Ich habe so eine Freude, daß mir Sachen wieder gelingen. So viele sagen: „Ich freue mich schon, wenn dein nächstes Buch herauskommt. Wann ist es so weit? Das dauert aber lange!" Solche Bemerkungen freuen mich, und diese Freude baut auf. – Ich bin nicht arrogant oder hochnäsig geworden.

Die Filzmooser sind freundlich zu mir. Die winken mir schon, auch die Jungen sagen: „Wawi, grüß dich!" Heute ist es so, daß sie sich freuen, das bilde ich mir fest ein.

Der Obmann des Fremdenverkehrsvereins schätzt mich sehr und meinte kürzlich: „Wawi, du mußt für Filzmoos noch lange werben und mindestens hundert Jahre alt werden!"

Durch Rundfunk, Fernsehen, die Bücher und Lesungen habe ich für Filzmoos schon viel Werbung gemacht. Ich schätze Filzmoos, denn es ist meine Heimat, und ich halte meine Heimat in Ehren.

Zu meinem 80. Geburtstag hat es eine Feuerwehrfeier in Filzmoos gegeben. Da war das Wetter schön, und im Freien hat der Bürgermeister eine Rede gehalten. Viele Filzmooser waren begeistert.

Wenn heute Busse nach Filzmoos kommen, lese ich öfter in den Hotels, auch in der Volksschule habe ich den Kindern über frühere Zeiten erzählt und vorgelesen, und sogar am Gymnasium in Radstadt bin ich schon zum Lesen gewesen.

Die Post-Christl hat eine große Freude mit den Karten, die ich ihr von allen Lesungsorten schicke. Von Mittersill kenne ich eine Frau, sie schickt mir zu Ostern und zu Weihnachten Pakete. Als die Frau das erste Mal zu Besuch nach Filzmoos kam, wollte sie die Post-Christl kennenlernen, weil ich schon von ihr erzählt hatte. Sie ist auch mit ein wenig Verspätung gekommen, und die Christl hat sich derweilen auf meinen Diwan gelegt und ist eingeschlafen. Als dann die Frau Scharler aus Mittersill ankam, hat die

Christl laut geschnarcht auf meinem Diwan. Wir haben dann alle darüber gelacht.

Das sind oft ganz nette Erlebnisse, die mir Freude machen und die mich aufbauen. Und all dies kommt wieder nur vom Schreiben und vom Lesen.

Das wird schmerzlich werden, aber ich werde das auch überstehen, wenn ich einmal nirgends mehr hinfahren kann. Wenn mich meine Anhänger verlassen, das wird schmerzlich werden. Da werde ich verlassen sein. Meine Anhänger sind eine große, neue Familie für mich.

Die Wohnungsnachbarin hat mich einmal zu einem Vortrag eines Bio-Bauern nach Ramsau mitgenommen, das war wirklich sehr interessant. Der hat mich auch gleich erkannt durch die Bücher und hat mich extra zu sich eingeladen und mir alles gezeigt. Da war ich so begeistert über seine Blumen, die Kräuter, die Bäume, alles – das war für mich ein schönes Erlebnis.

In Haus in der Steiermark war ein Sängerfest, bei dem ich teilnehmen durfte. Für das nächste Jahr hat man mich schon eingeladen als Stargast.

Die schönste Lesung, die kann ich gar nicht nennen. Denn es waren so viele schöne, daß ich keine hervorheben kann. Oft denke ich mir: „Dieses Mal war noch schöner als das vorige Mal."

Aber es geht ja immer weiter. An meiner Wand hängen schon so viele Fotos von Lesungen, die mir Freude machten.

So hat mich voriges Jahr ein Filzmooser eingeladen in das Schimuseum in Werfenweng. Es hat mir sehr gut gefallen, wir haben dort Fotos machen lassen, wo wir in der früher üblichen Kleidung und mit alten Schiern fotografiert wurden. Dieses Foto ist

wirklich schön und hängt neben dem Lieblingskasten meines Bruders an der Wand.

Solche Erlebnisse freuen mich, und Freude macht
viel aus. Die Freude kann im Körper so wohnen, daß
sie alles bestimmt. So habe ich nach der Besteigung
des Großvenedigers nicht einmal einen Muskelkater
gespürt, obwohl ich sonst nach langen Wanderungen schon ein bißchen den Muskelkater spüre. Das
macht alles die Freude.

Ich spüre, wie ich auflebe, wenn mich etwas freut.
Ich habe so eine Freude am Leben. Meine eigene Le-
bensfreude gebe ich auch in den Lesungen weiter.
Es hören manche so intensiv zu, so auch oft die Kinder, die sonst unruhig sind. Wenn mir die Leute zuhören und bei einer Lesung, die eine bis eineinhalb
Stunden dauert, keine bösen Gesichter machen, da
freue ich mich. Da werde ich selber nicht müde.

Einmal hat am Ende einer Lesung die Veranstal-
terin gemeint, ich müßte doch müde sein. Ich aber
habe geantwortet: „Am liebsten würde ich jetzt vor
Freude tanzen." Und tatsächlich haben sie am Ende
der Lesung Musik gemacht, und ich habe einen Wal-
zer und einen steirischen Tanz getanzt.

Ich bekomme viele Briefe nach meinen Lesungen
mit Glückwünschen. Als mein 85. Geburtstag war,
habe ich für den Bürgermeister ein Gedicht gemacht
und geschrieben, daß ich weiß, daß er mir zu meinem 90er auch wieder gratulieren wird. Er hat mein
Gedicht einrahmen lassen und es in seinem Schreib-
zimmer aufgehängt. Ich habe mir aber ausbedungen,
daß ich bis dahin keine Geburtstagsfeiern haben
wollte. Der Bürgermeister weiß, daß mir das ernst
ist. Er wird mir erst zum 90er gratulieren.

Mit einer Bekannten, mit Ingrid Weber aus Wiener Neustadt, die mich heute besucht hat, habe ich ausgemacht, daß ich meinen 90er mit ihrem 60er feiern werde.

Alle Briefe, die ich bekomme, die beantworte ich auch. Bei Karten fehlt oft die Adresse, da kann ich nicht antworten. Das Antworten halte ich für meine Pflicht. Ich vermerke mir auf jedem Kuvert, wann ich den Brief beantwortet habe. Dann lege ich alles in einen Karton. Auch die vielen Fotos, die ich nach den Lesungen geschickt bekomme, lege ich dort hinein.

Kartons mit einem Teil der Fanpost und Fotos,
Filzmoos 1998

Auch alle Karten, die ich bekomme, beantworte ich. Bei schwierigen Briefen schreibe ich mir zuerst den Text vor, da habe ich schon ganze Hefte voll damit. Ja, und die Kartons haben sich im Laufe der Jahre auch vermehrt, und ich habe jetzt schon zehn Schachteln voller Post.

Kürzlich ist mir ein Brief untergekommen, den ich vergessen habe zu beantworten. Den werde ich mir gleich vornehmen, das passiert mir selten.

Am Anfang bekam ich selten Briefe, aber jetzt kommen fast täglich mehrere. Ich freue mich darüber, daß sich alle diese Leute solche Mühe nehmen. Und ich nehme mir Mühe beim Beantworten der Briefe. Manchmal wird es dann schon Juli, bis ich alle Geburtstagswünsche vom Mai beantworten kann. Da bin ich dann schon unzufrieden mit mir, weil ich so lange zum Antworten brauche. Da denke ich mir dann, ich müßte mich mehr zusammenreißen.

Manchmal bekomme ich auch Pakete mit Geschenken und vielen Fotos von den Lesungen.

Bei Lesungen, die ich auswärts halte, versuche ich, möglichst Hochdeutsch zu sprechen. Und die Zuhörer bestätigen mir, daß sie mich gut verstehen. Durch den langjährigen Kontakt mit den Kölner Gästen auf der Alm und auch dadurch, daß ich schon früher einige Jahre aus Filzmoos hinausgekommen war, tue ich mich mit dem Hochdeutschen weniger schwer.

Wie schwer unser einheimischer Dialekt von Fremden zu verstehen ist, zeigt folgende Geschichte: Als ich noch oben am Haidegg wohnte, haben mich einmal drei Touristen nach dem Weg nach Filzmoos gefragt. Ich habe ihnen den Weg erklärt und gemeint, daß sie sich einen großen Umweg erspart hätten, wenn sie bei dem Bauernhaus weiter drüben gefragt hätten. Sie haben mir erklärt, daß sie dort eine Ausländerin gefragt hatten, die sie aber nicht verstehen konnten.

Ich habe dann bei der nächsten Gelegenheit die Nachbarin daraufhin angesprochen. Sie hat mir bestätigt, daß sie den drei Fremden den Weg genau erklärt hätte, daß sie aber den anderen Weg gegangen wären. Ich habe sie gefragt, wie sie den Weg erklärt hatte, und sie wiederholte: „Hintan Zimma umi, gschrams awi, wo wir fersch den Hoban g'hobt ham." Das war reiner Dialekt und ist so zu übersetzen: „Zimma" ist bei uns das Wirtschaftsgebäude, „gschrams awi" heißt so viel wie schräg hinunter, und „wo wir fersch den Hoban g'hobt ham" bedeutet, wo wir voriges Jahr den Hafer angebaut hatten. Diese Sprache konnten die Touristen nicht verstehen.

Im Alter unermeßliche Freiheiten

Seit dem Weggang meines Mannes im Jahr 1983, da war ich schließlich schon 73 Jahre alt, genoß ich zum ersten Mal meine Freiheit. Nach der Hofübergabe an meinen Sohn, 1987, war ich gewissermaßen frei von der Verantwortung um den Hof. Ich habe um die Pension eingereicht, hatte das Wohnrecht, aber kein Ausgedinge geschrieben.

Als ich mich dann wegen des Streites um die Bezahlung des Stroms entschloß, ins Tal zu ziehen, begann eine neue Art von Freiheit für mich.

Das Schreiben hat mir die Freiheit gebracht, die ich früher nicht kannte. Wenn ich mal Ärger habe und denke, das mit meinem Sohn Hans wäre nicht notwendig gewesen, da gehe ich entweder etwas lesen, oder ich schreibe und denke nicht mehr dran. Ich bringe das Schreiben neben dem Radiohören nicht zusammen. Entweder ich höre Radio, oder ich schreibe, auch beim Fernsehen geht das nicht. Ich höre gerne Rundfunk, meist am Vormittag. Durch so eine Rundfunksendung bin ich ja zum Schreiben gekommen.

Ich genieße meine lang erwünschte Freiheit. Meine persönliche Freiheit ist schon größer, daß ich diese Weite habe, wohin ich fahre. Es ist in Erfüllung gegangen, was schon als Schulkind mein Wunsch gewesen ist: „Ich möchte etwas sehen von der Welt, denn es muß ja mehr geben als Filzmoos", dachte ich damals. Und das ist nun in Erfüllung gegangen.

Ich kann zum Beispiel bei Lesungen auch frei meine Meinung sagen, die nehme ich mir, das hatte ich früher nicht. Denn wenn es jemandem nicht paßt, was ich so gerade heraus sage, ist mir das egal. Da brauche ich keine Rücksichten nehmen.

Ich nehme keine Rücksicht mehr auf Bindungen, Konventionen und muß nicht das tun, was die anderen sagen. Das erste Mal in meinem Leben bin ich ein freier Mensch. Das ist wirklich schön und taugt mir. Ich hätte Beklemmungen, wenn ich etwas zurückhalten würde, was mich bedrückt. Ich sage alles gerade heraus.

Unter Emanzipation der Frau verstehe ich, daß sie die gleichen Rechte wie ein Mann hat. Für mich bedeutet das die Loslösung von früheren Bindungen, meine Selbstbestimmung. Das ist ein großer Vorteil, den ich erst jetzt im Alter gewonnen habe. Zuerst hieß es Rücksicht nehmen auf die Eltern und Geschwister, dann auf den Mann und die Kinder und nicht zuletzt auf die Umgebung in der Gemeinde.

Was ich jetzt erlebe, das ist wirklich die Freiheit, so wie mit einem Heißluftballon. Ich schaue mir die kleine Welt von oben an ohne Sorgen.

Wenn mich etwas nicht interessiert und keine Freude macht, da würde ich nicht zu einer Lesung gehen. So freut es mich noch, es könnte auch einmal nachlassen. Jetzt habe ich die Freiheit, anzunehmen oder abzusagen.

Seit Anfang 1990 mache ich Lesungen, das sind acht Jahre. Da haben die Lesungen allmählich begonnen, und es wurden in letzter Zeit immer mehr. Es sind zwischendurch noch in der Nähe Lesungen gewesen, so in Eben, Radstadt, Altenmarkt, St. Martin, Kleinarl. Da unterhalte ich mich dann recht gut. Bei der Bezahlung sage immer, sie sollen mir geben, wozu sie imstande sind. Zu diesen Leuten habe ich Vertrauen.

Inzwischen wurden ja schon viele Bücher verkauft. An der Wand meines Wohnzimmers hängt eine Urkunde über je 25000 verkaufte Bücher vom Band „Steiler Hang" und „Hartes Brot". Das ist schon drei Jahre her. Für die Verleihung der Urkunde mußte ich nach Graz fahren, ich hatte eine so große Freude damit. Ich war ja nie darauf eingestellt, daß so viele Bücher verkauft werden.

Von dem Bildband „Die Berge. Meine Lebenswelt." weiß ich nicht, wie viele verkauft wurden. Der Bearbeiter war Georg Hellmich, und sein Onkel hat viel fotografiert. Manchmal besucht er mich, ich rede gerne mit ihm und freue mich über seinen Besuch.

Ohne die Bücher und Lesungen könnte ich mir diese Wohnung nicht leisten. So gesehen macht Schreiben auch frei. Ich weiß nicht, wo ich sonst untergekommen wäre, vielleicht würde ich gar nicht mehr leben, denn wenn man etwas so schwer nimmt, so nimmt das den Körper sehr wohl her. Ich lebe bescheiden und bleibe auf dem Boden. Ich bin halt ein besonderer Glücksmensch.

Man muß das auch richtig annehmen. Wenn ich von Anfang an gegen Lesungen gewesen wäre und mir gedacht hätte, die sollen doch selber lesen, dann wäre das anders gelaufen. Die Leute kämen sonst gar nicht auf meine Bücher. Viele kaufen nach den Lesungen Bücher, weil sie sich für meine Themen interessieren: so für meine Bergsteigergeschichten, die Erzählungen aus dem Bergbauernmilieu und Verschiedenes aus meinem Leben. Viele bestätigen mir, daß ich die erste war, die darüber geschrieben hat.

Ich habe das auch der Bearbeiterin, Frau Maderbacher, zu verdanken. Wir haben uns damals alle, Hans, Ilse und ich, sehr gut vertragen. Wir sind zur Alm spaziert, einmal auch zur Sulzenalm, ich habe gekocht, sie hat bei uns gewohnt. Schwierigkeiten gab es erst nach der Präsentation. Das waren ihre Angelegenheiten.

Jetzt tue ich mich mit dem Schreiben selber viel schwerer. Ich stehe irgendwie unter Erfolgsdruck, und ich schaffe das Schreiben jetzt nicht mehr so gut. Ich bin zu oft weg, habe weniger Zeit und überblicke das nicht so genau. Es waren so viele Lesungen, die kann ich alle gar nicht beschreiben. Es war überall schön.

Es geht um die Wirkung, die Erweiterung meines Horizontes; auch, daß ich Freude gebe und auch Freude annehme. Ich habe mich wahrscheinlich auch sehr verändert in den letzten zehn Jahren und habe auch im Leben anderer etwas bewirken können.

Entfernungen und Verkehrsmittel

In bezug auf die Überwindung von Entfernungen hat sich lange Zeit nichts verändert. Radfahren habe ich mit dem Rad meines Bruders gelernt. Es war ein schweres Waffenfahrrad, ein Männerfahrrad. Er hat das Rad gebraucht, weil er jeden Montag früh nach Altenmarkt gefahren ist, um dort bei seinem Baumeister zu arbeiten. Samstags um sieben Uhr ist er immer heimgekommen.

Bei uns im Dorf hat es keine Verkehrsmittel gegeben, außer dem Fahrrad. Diejenigen, die schon verdient haben, die Holzknechte, konnten sich ein Fahrrad leisten.

Am Haidegg ist alles zu Fuß erledigt worden. Die Nachbarbuben haben früher als erste ein Auto gehabt. Mein Sohn hat zuerst die Jagdlehre gemacht, dann den Militärdienst und schließlich den Führerschein. Später hat er ein gebrauchtes Auto gehabt.

Ich habe mit 21 Jahren das Radfahren gelernt. Ein Knecht vom Wenghof ist eingerückt. Wenn er nicht mehr aus dem Krieg käme, dann würde ich sein Rad erben. Er ist wirklich nicht mehr zurückgekommen, so habe ich sein Waffenrad geerbt. Damit bin ich von der Alm aus- und eingefahren. Von St. Martin bis Radstadt, so acht Kilometer.

Am Haidegg war es dafür zu steil. Ich habe das Rad schon zum Hof gebracht, die Kinder haben damit Radfahren gelernt. Runter vom Berg ging das nicht. Da bin ich lieber zu Fuß gegangen, denn ich hätte es bergauf immer schieben müssen. Das war viel zu steil. Der alte Weg war zu steil. Alles war zu Fuß. Und alles allein und immer etwas zu tragen!

Ich rechne heute die vertrauten Entfernungen mit dem Fußweg. Wenn ich so wie jetzt meinen Schritt habe, so kann ich in zwei Stunden den Rundweg – den Hallmers-Rundweg – machen, wenn ich nach sechs Uhr gehe, wo im Dorf schon alles zugesperrt ist und ich mich dort nicht aufhalte, ohne Eile, dann dauert es zwei Stunden. Ein paarmal sitze ich auf einem Bankerl.

Meine erste Eisenbahnfahrt nach Radstadt war sehr eindrucksvoll.

Der alte Weg von Eben herein, nur dort sind die Autos gefahren. Da gab es einen Bus, das war ein Auto mit einem Kino. Aus Neuberg ist eine Knabltochter mit dem Rad in das Kino-Auto gefahren, in einer schmalen Gasse – sie war tot. Langsam ist es mit dem Autoverkehr losgegangen. Der erste im Dorf war der Lackner Wastl, der Sohn vom Sonneck. Der Buschhäusler hat zuerst ein Frächter-Auto gehabt. Er hat Waren aus Eben reingebracht. Nach dem Krieg bekamen die Jungen in den 50er Jahren die ersten Autos.

Mein Mann hat keinen Führerschein gemacht. Er hat 1967 in einem Sägewerk angefangen zu arbeiten. Da haben einige Arbeit bekommen, die haben sich etwas leisten können. Im Jahr darauf hat er bei der Firma Steiner-Loden angefangen und blieb bis zu seiner Pensionierung.

Heute bin ich viel mit Verkehrsmitteln unterwegs, auf meinen Lesereisen. So mit dem Postautobus, der Eisenbahn und auch mit Taxis.

Mit dem Bus geht es vor allem nach Radstadt, früher nur das „Stadtl" genannt.

Filzmoos hatte früher drei- bis vierhundert Einwohner, jetzt sind es rund 1100 Einwohner. Früher war es eine kleine Gemeinde im Gebirge. Jetzt ist vieles dem Tourismus zu verdanken.

Von der Großfamilie zum Einpersonenhaushalt

Auf dem Berg haben wir nur von dem gelebt, was wir selbst hergestellt haben. Ich habe das Brot selbst gebacken. Es ist überhaupt kein Weißbrot gekauft worden. Erst wie die Buben in die Volksschule gekommen sind, da hat es einen Bäcker gegeben in Filzmoos, das war in den 50er Jahren. Und da habe ich den Buben manchmal Geld für Weißbrot mitgegeben. Aber mit dem ganzen Brot sind sie nicht immer nach Hause gekommen. Wenn sie verspätet gekommen sind und sie hatten den Auftrag, einen Weißbrotwecken mitzunehmen, da wußte ich, sie trauten sich nicht nach Hause, weil sie den Wecken schon fast aufgegessen hatten auf dem Heimweg.

Ich habe alles selber gehabt. Ich habe Butter und Käse selber gemacht und Brot gebacken.

Wie die Familie kleiner war, haben wir nur von dem gelebt, was wir selber produziert haben. Da war an einem Sonntag die Kramerei bis zwölf Uhr offen, und da hat mein Mann Zucker und Feigenkaffee eingekauft. Ich habe selber noch das Korn geröstet und für den Kaffee verwendet.

Später ist auch die Milch abgeholt worden für die Molkerei, Butter ist nicht mehr gemacht worden, auch kein Käse mehr. Durch das Milchliefern in die Molkerei hat sich das aufgehört.

Es ist auch kein Getreide mehr angebaut worden, so haben wir dann das Brot kaufen müssen. Das ist alles abgekommen. Viele sind ins Sägewerk arbeiten gegangen, haben mehr Geld gehabt, und es war nicht mehr notwendig, selbst Getreide anzubauen. Hafer haben wir noch länger gehabt, für die Hühner, die Schafe und den Ochsen. Mit der Zeit ist immer mehr zugekauft worden.

Der Umzug hierher in die Wohnung hat bedeutet, daß ich alles kaufen mußte. Das ist ganz anders als auf dem Bauernhof. Jetzt kaufe ich alles im Ort ein.

Auf dem Hof gibt es jetzt keine Schweine und Schafe mehr. Hans hat umgestellt auf Schottlandrinder, da bin ich nicht mehr mitgekommen.

Alles wird gekauft: Fleisch, Milch, Mehl. Früher wurde neben Brot viel gebacken und Mehlspeisen gekocht, die alten Hühner sind gerupft und gekocht worden. Auf dem Haidegg gibt es auch Pfauen, zur Zierde. So richtig zur Wirtschaft gibt es nichts mehr.

Wenn ich noch jünger wäre, würde ich wieder Milch verarbeiten. Das ist natürlicher und gesünder. Ich kenne ja alle Verarbeitungsformen.

Heute habe ich hier ja einen Einpersonenhaushalt, ich habe mir kleineres Geschirr zum Kochen kaufen müssen, mache manchmal Fertiggerichte und koche mir auch die alte Hausmannskost, das ist viel Erdäpfelkost. Mit dem Elektroherd ist das Kochen ja auch bequemer, aber den alten Herd mochte ich viel lieber. Ich bilde mir ein, das hat anders geschmeckt.

Das Bügeln und Fensterputzen ist nicht meine Stärke. Die Wäsche habe ich früher oft nur zusammengelegt, dann habe ich ein schweres Schaffel draufgestellt. Durch das Kohlebügeleisen wurde mir früher immer schlecht, das hat mir das Bügeln verübelt. Jetzt habe ich das Glück, daß mir das die Freundin meines ältesten Sohnes macht.

Ich habe immer gerne gekocht, habe auch damals in der Haushaltungsschule vieles dazugelernt.

Mein schönstes Kleid

Früher habe ich Kleidung geschenkt bekommen, vor allem von meiner Ziehschwester. Auch für die Mädchen, als sie in die Schule gingen, habe ich geschenkte Kleidung umgenäht, bis sie ihnen gepaßt hat. Und sie haben Freude an diesen Kleidern gehabt.

Seit ich vom Haidegg umgezogen bin, habe ich mir nicht viel gekauft. Ich habe das meiste geschenkt bekommen, da müßte ich fünfhundert Jahre alt werden, bis ich dieses Gewand zerreißen könnte. Mir passen auch noch die Kleider, die ich bekommen habe, als ich zur Haushaltungsschule gekommen bin. Ich habe mich nicht sehr verändert, ich bin höchstens kleiner geworden, ich glaube nicht, daß ich noch 1,56 Meter groß bin wie früher. Natürlich habe ich später etwas gekauft, so zum Beispiel Strumpfhosen oder Kleiderschürzen.

Für schöne Kleidung hatte ich kein Geld. Das schönste Dirndl meines Lebens stammt von Gexi Tostmann. Und das kam so: Ich habe in Wien bei Gexi Tostmann eine Lesung gehabt und mit ihr wegen der Bezahlung nichts ausgemacht. Sie hat nichts gesagt und ich auch nicht. Nach der Lesung haben mich im Geschäft zwei Frauen abgemessen, da habe ich mich nicht ausgekannt. Sie haben nichts gesagt, nur gemessen. Ich habe mich nicht getraut zu fragen. Das war für mich komisch. Das war bei mir noch nie bei einer Lesung. Sie waren dann fertig und sagten, ich könne gehen. „Na ja, dann gehe ich halt wieder", dachte ich mir. Ich wußte gar nicht, daß

Frau Tostmann eine Trachtenschneiderei hat, ich bin ja nur zu einer Lesung hingefahren.

Bald darauf, das war vor Weihnachten, habe ich per Post eine große Schachtel bekommen von der Firma Tostmann. Ich war überrascht und habe voller Neugier das Paket aufgemacht. Das war ein schönes Trachtenkleid mit Bluse und Schürze, das war so eine große Freude. Jetzt habe ich gewußt, warum ich abgemessen worden war.

Wie der Herr Hellmich da war, bin ich mit ihm wieder nach Wien gekommen. Er hat mich gefragt, ob er mir was zeigen soll, ob ich was anschauen wollte. Ich wollte nur zur Frau Tostmann. Er hat mich zu ihr ins Geschäft in den ersten Bezirk gebracht. Ich wollte mir ein neues Trachtendirndl kaufen. Ich habe mir den Stoff ausgesucht, wurde abgemessen, und einige Zeit später ist die Schachtel mit dem Dirndl geklommen. Unglaublich – das war auch wieder gratis!

Das hat mir alles das Schreiben gebracht. So bin ich zu zwei schönen Trachtenkleidern gekommen, ohne was zu zahlen. Die ziehe ich bei Lesungen an. *[Siehe Titelbild: Barbara Passrugger in Tostmann-Tracht!]*

Meine ehemalige Wohnungsbesitzerin, bei der ich die erste Wohnung gemietet hatte, hat mir auch ein schönes Dirndlkleid geschenkt und dazu noch eine passende Strickjacke.

Zu Hause ziehe ich die Kleider von früher an, meine Nachbarin hat zwei Töchter, denen die Kleider nicht mehr passen, die schenkt sie mir. Das sind nette Kleider, Röcke und Jacken. Für mich ist das wirklich eine Kleidung, die so schön ist, daß ich sie selber kaufen würde. Aber sie schenken mir all diese Kleider, und das kostet mich nichts.

Einmal ist ein Herr namens Poldi gekommen, er ruft mich an und besucht mich. Seine Frau ist eines Tages gestorben. Er wußte nicht, wohin mit der Kleidung, sie hatte einen ganzen Kleiderkasten voll. Ob ich da nicht etwas haben wollte. Ich habe gesagt, er soll mir was schicken. Ich habe von ihm zwei Schachteln und einen Plastiksack voll mit Kleidung und Schuhen bekommen. Die Frau muß so groß und dünn gewesen sein, da paßte mir gar nichts. Nur die Anoraks. So habe ich alles weitergegeben an meine Tochter Steffi.

Von daher sind auch die Flohmärkte. Wenn alte Leute sterben, gibt es so viele Sachen, die keiner brauchen kann.

Ich hatte einiges an Werkzeug, so auch die Sichel zum Grasschneiden, die Hacken, Sägen, die ich für das Holz brauchte, alles ist noch droben. Dieses Werkzeug habe ich selber gepflegt.

Meine schmiedeeisernen Tröge für die Blumen, die hätte ich gerne, die gibt mir mein Sohn nicht. Hier auf dem Balkon habe ich Blumen, da könnte ich sie brauchen. Er sagt, die gehören zum Haidegg, obwohl er genau gesehen hat, wie ich sie bezahlt habe. Bei den vier Fenstern der vorderen Front sind diese. Zwei sind übrig, und sie sind in der Speisekammer. Die zwei Kästen hat er mir nie hingemacht zu den Fenstern. Ich habe selber herumgebastelt mit Brettln.

Geben tut er mir sie nicht. Das ist für mich am schwersten.

Jemand hat mir gesagt, ich brauche mir das nicht gefallen lassen, und er hat mir den Rat gegeben, aufs

Gericht zu gehen. Da laß ich lieber die Kistln stehen, das ist gescheiter. Da kauf ich mir halt Plastiktrögerl für meine Blumen.

Vorige Woche war ich beim Blumenhändler und hätte gerne gefüllte Petunien gekauft. Er hat sie mir für eine Woche später versprochen. Diesen Freitag war ich wieder dort, aber er hatte sie nicht.

Die Blumen für die zwei langen Balkone auf dem Haidegg habe ich auch in Schladming und Altenmarkt gekauft. Meine Wohnungsnachbarin fährt freitags auf den Bauernmarkt, da kaufe ich mit ein, da nimmt sie mich mit. Der Blumenhändler hat die Petunien wieder für kommenden Freitag versprochen. Schon auf dem Haidegg hatte ich die gefüllten Petunien, sie blühen länger und schauen voller aus.

Heuer haben mir die Leute gesagt, daß mein Balkon hier in der Wohnung der schönste von allen war. Ich hatte verschiedene Blumen.

Meine Familie

Seitdem ich alt bin, bin ich der Meinung, daß ich mich um meine Kinder nicht mehr sorgen muß. Ich muß nicht wissen, wann sie nach Hause kommen. Wenn sie mich besuchen, sage ich nie eine genaue Zeit an, denn sonst sorge ich mich, wenn sie zu spät kommen.

Mit dem Sohn Franz ist die Beziehung enger geworden, seit ich nicht mehr auf dem Haidegg bin. Bei Fragen und Problemen wende ich mich zuerst an ihn. Er hatte es am härtesten von allen Kindern, er war ja nicht von meinem Mann. Er war zwei Jahre alt, als wir heirateten. Sein Vater war ein Bauer aus St. Martin, mit dem ich mich befreundete, nachdem mein Verlobter Rupert im Krieg gefallen war. Mein

Mann war dann immer sehr streng zu ihm. Franz ist mir am ähnlichsten.

Die Töchter, die bei den Zeugen Jehovas sind, die reden mir auch nichts drein.

Oben auf dem Haidegg war es platzmäßig viel besser, da konnten meine Kinder mit den Enkelkindern zusammensitzen. Auf der Bank waren meine Schreibsachen, die Wäsche. Im Winter sind sie öfter zum Schifahren dagewesen. Die zwei Enkelbuben sind lieb. Alles wird angeschaut, da sehen sie andere Dinge als zu Hause.

Seit ich in der Wohnung hier bin, kommen die anderen vier Kinder öfter zu mir. Ich habe mehr Ruhe, oft kommen sie ganz kurzfristig. Wenn ich nicht da bin, kommen sie gar nicht. Die Barbara fährt noch rauf aufs Haidegg. Der Franzi bringt es nicht zusammen, er will Streitereien ausweichen. Es reizt ihn zu sagen, daß das nicht gerecht ist, was Hans macht. Die zwei Mädchen kommen auch eher zu mir, auf die Maria ist der Hans ohnedies böse wegen der Erbschaft vom Sepp.

Durch meinen Wegzug ist er oben alleine, die Geschwister kommen zu mir, zu ihm ganz selten.

Früher, als ich noch oben wohnte, hat Barbara einmal von einem Bekannten erzählt, der mit seinem Bruder zerstritten war. Und immer wenn der eine zu Besuch ins Elternhaus gekommen ist, ist der andere verschwunden, und zwar so lange, bis der andere wieder weg war. Ich habe zur Barbara damals gesagt: „Stellt euch vor, im Haidegg ist es einmal auch so!" Da hat Hans gesagt: „Red nicht so einen Blödsinn!" Aber jetzt ist es genauso. Ins Haus kommt keiner hinein, außer die Barbara.

Alle Leute, die früher zu mir zu Besuch gekommen sind, die kommen nicht mehr. Die Nachbarschaft ist nie zu uns gekommen und wir auch nicht zu ihnen. Die Jäger reden mit ihm, gehen aber nicht ins Haus.

Manchen Besucher zieht es noch nach oben, sie gehen aber nicht zu ihm hinein. Nur eine Frau geht hin, aber nur wenn die Freundin nicht da ist. Er fährt mit dem Auto nicht gerne, das macht sie. Es ist ihm recht, daß er nicht fahren muß.

Die einen haben von dem Stromabschalten gewußt, sind aber weniger neugierig. Die anderen sagen: „Sei froh, du hast ein Glück, daß du dir das hier leisten kannst, da hast du es schöner!"

Es kommen so viele Besucher, das belebt mein Leben. Mit einigen mache ich Wanderungen, mit anderen Pferdeschlittenfahrten auf die Hofalm, mit anderen gehe ich essen.

Ein befreundetes Ehepaar, die Weber aus Wiener Neustadt, betrachtet mich, wie wenn ich ihre eigene Mutter wäre. Sie sind schon aufs Haidegg gekommen, haben mich dort besucht. Ich habe ihnen einmal einen selbstgemachten Himbeersaft gegeben. Wir kennen uns schon lange, und sie haben meinen Sohn Franz unabhängig von mir schon als Skilehrer gekannt. Die beiden Männer haben eine große Freundschaft zueinander. Die Weber kommen zwei- bis viermal im Jahr nach Filzmoos, sie laden mich zum Essen in unser Haubenrestaurant Hubertus ein, da haben wir dann ein siebengängiges Feinschmekkermenü, manchmal gehen wir auch auf die Almen. In diesem Lokal bin ich auch oft zu Lesungen, da gelte ich bei den Kindern auch viel, sie grüßen mich schon von weitem freundlich.

Die Weber, Barbaras langjährige Freunde aus Wiener Neustadt, und Sohn Franz (rechts), Filzmoos 1997

Ich heiße jetzt Barbara Hofer-Passrugger

Bei einer Lesung voriges Jahr ist ein Herr aus Deutschland auf mich zugekommen und hat mich gefragt, warum ich nicht meinen Mädchennamen annehmen wolle.

Ich hätte meinen Mädchennamen durch eine Scheidung haben können. Wir lebten immerhin seit 1983 getrennt. Ich habe nie auf eine Scheidung gedrängt, aber es wäre mir recht gewesen. Mein Mann war damit nicht einverstanden, ich wollte es ihm nicht antun.

Bei der Lesung meinte der Herr, ich könnte ja nach dem Tod meines Mannes, das war im Jänner

1996, nun ungehindert meinen Mädchennamen annehmen.

Daran hatte ich noch nicht gedacht. Zu Hause dachte ich darüber nach und war dann doch von dieser Idee begeistert, und ich fragte mich, ob das in Österreich möglich wäre. Gesagt, getan. Ich fuhr nach Radstadt aufs Gericht und ging zum Herrn Rat. Auf meine Frage hin schaute er in einem dicken Gesetzbuch nach, fand aber keinen richtigen Satz. Nach einer Stunde angestrengter Suche fragte er mich: „Wo haben sie denn geheiratet?" Ich antwortete: „In Filzmoos, aber der Standesbeamte, der mich getraut hat, ist schon lange in Pension." Er meinte, das mache nichts, und schickte mich zurück aufs Standesamt nach Filzmoos. Dort angekommen ging ich aufs Standesamt. Der junge Beamte wußte auf meine Frage auch keine genaue Antwort und bat mich, in einer Woche wiederzukommen.

Ich überlegte, warum mir der Name Passrugger verleidet war. Einerseits war meine Ehe nicht besonders glücklich, andererseits haben meine Söhne keine Kinder, die diesen Namen weiter tragen würden. Dann wird er oft falsch geschrieben, das ärgert mich, und in Filzmoos gibt es außer meinem Sohn auf dem Haidegg keine Passrugger mehr.

Zudem hat mir mein Mädchenname immer ausgesprochen gut gefallen, obwohl man ja früher fast nie mit dem Familiennamen angeredet wurde. Entweder benutzte man den Vornamen oder aber den Namen des Hofes, auf dem man gelebt und gearbeitet hatte. Zuerst hat man mich Oberhof-Dirnei genannt, als ich älter war, war ich die Oberhof-Wawi, dann die Bögrein-Wawi, die Rettenegg-Wawi und schließlich die Haidegg-Wawi, es galt nie der

REPUBLIK  ÖSTERREICH

Zahl: 028/1996

Staatsbürgerschaftsnachweis

Barbara HOFER

geboren am 02. Mai 1910 in Filzmoos

wohnhaft in 5532 Filzmoos 222

besitzt die

österreichische Staatsbürgerschaft.

Evidenzgemeinde: Filzmoos

Filzmoos , am 03. Dezember 1996

Gemeinde Filzmoos, Standesamt
(Behörde)

Der Bürgermeister :
i. A.

Wechselberger Reinhold, Standesbeamter

St. Dr. Lager-Nr. 428. – Österreichische Staatsdruckerei. Verlag 909199 dtlo

Kopie des Statasbürgerschaftsnachweises von Barbara HOFER, 1996

Schreibname, sondern der Hofname. Ich habe den Familiennamen praktisch nie benutzt. In der Volksschule war ich die Wawi, in der Haushaltungsschule die Barbara, am Wenghof ebenso.

Den Namen Passrugger habe ich am häufigsten im Zusammenhang mit meinen Büchern gehört, bei den Lesungen, gestört hat mich, wie gesagt, daß er oft falsch geschrieben wurde. Manche schreiben Passrucker, oder Paßruger. Mein Mann schrieb den Namen mit einem scharfen ß, also Paßrugger.

Der Name Hofer war praktisch noch wie neu für mich, nicht abgegriffen, er glänzte wie ein Goldstück.

Meinem Sohn Franz habe ich den neuen Staatsbürgerschaftsausweis gezeigt, und er hat mich gleich gefragt: „Ja, woher hast du denn den?" Da habe ich ihm alles erklärt, und er meinte: „Na, Mama, dir fällt mit dem Alter noch allerhand ein, Hofer bist jetzt wieder."

Ich erinnere mich noch sehr gut an meine Schulzeit. Da hat uns der Lehrer die Geschichte vom Freiheitshelden Andreas Hofer in so bunten Farben eindringlich geschildert, daß ich zum ersten Mal in meinem Leben stolz war, diesen Namen zu führen.

Mit seinem Wesen finde ich mich seelenverwandt, er war irgendwie ein Vorbild für mich. Mein heimlicher Wunsch war schon der Name Hofer, der Name hat mir immer viel bedeutet. All diese Gedanken gingen mir durch den Kopf.

Und nach einer Woche ging ich aufs Standesamt in Filzmoos, und dort lag bereits meine neue Urkunde bereit, ausgestellt auf meinen Mädchennamen Hofer.

Da hatte ich eine große Freude. Ich hatte mit großen bürokratischen Hürden gerechnet, aber wenn alles im Leben so leicht gegangen wäre wie meine Namensänderung, da wären mir viele Probleme erspart geblieben. Jetzt heiße ich also Barbara Hofer, ich schreibe aber Passrugger-Hofer, denn sonst kennt mich ja keiner.

Die Staatsbürgerschaftsurkunde lautet jedoch nur auf den Namen Hofer. Der Standesbeamte hat mir aber gesagt, ich könne einen Doppelnamen führen, und er hat mir geraten, meinen Paß umschreiben zu lassen.

Meine Kinder sagen dazu, daß dies wieder beweise, daß ich alles, was ich mir wirklich in den Kopf gesetzt habe, mit der Zeit durchsetze. Nur, wenn etwas nicht geht, das kenne ich dann, da muß ich eben nachgeben. Ich gehe zumindest immer so weit, bis ich sehe, ob etwas geht oder nicht.

Ich habe schon eine ein bißchen außergewöhnliche Strömung in mir. Während sich eine andere Frau denken mag, sie sei schon zu alt für so eine Namensänderung, ist es mir nicht egal. Ich habe immer ein Ziel, ein Streben, das hält mich jung. Ich habe kein Wurschtigkeitsgefühl, will mich nie fallenlassen, nicht alles über mich ergehen lassen.

Das Jahr 1996 mit meinem neuen Namen, es gehört auch zum neuen Leben.

Krankheiten und Glücksfälle

Bis jetzt hatte ich elf Operationen in meinem Leben, eine Operation am Magen nach einem Magendurchbruch, am Oberschenkelhals zwei Operationen, am Ellbogen, am Auge Grauen Star und mehrere kleine

Hautoperationen. Beim Magendurchbruch war ich schon klinisch tot. Aber die Krankheit hat mir zum Glück gereicht, das war im Jahre 1966. Da bin ich ein ganz anderer Mensch geworden. Ich habe mehr angefangen nachzudenken.

Ich denke nicht darüber nach, wohin ich einmal komme, wenn ich nicht mehr alleine in meiner schönen Wohnung leben kann. Da warte ich ab. Denn ich bin immer mehr davon überzeugt, daß ich ein Glücksmensch bin. Es ist viel zu überstehen gewesen, und alles, was ich überstanden habe, hat mir wieder etwas eingebracht, etwas Unverhofftes. Da habe ich wieder gesehen, daß mir das nicht zum Schaden war. Auch wenn ich es zuerst nicht begreifen konnte.

Auch die Trennung von meinem Mann ist mir nicht zum Nachteil geraten. Da wir nicht geschieden wurden, war ich mit ihm in der gesetzlichen Krankenversicherung versichert. Er war ja längere Zeit als Arbeiter beschäftigt und hat eine Arbeiter- und eine Bauernrente bezogen. Ich habe zwar nur eine kleine Bauernrente bekommen, war aber mit ihm krankenversichert, dadurch habe ich noch heute einen Vorteil. Anfangs habe ich keine Ausgleichszulage bekommen, weil mir ein Ausgedinge vom Hof berechnet wurde, das ich nicht ausgemacht und auch nicht bekommen habe. Mit der Zeit habe ich durchgesetzt, daß ich die Ausgleichszulage dazubekam.

Als mein Mann im Jahr 1996 starb, wurde ich Witwe und habe eine Witwenpension dazubekommen. Dafür wurde mir ein Teil von meiner Ausgleichszulage gestrichen. So habe ich jetzt fast genau so viel wie früher.

So muß ich sagen, es kommt immer so, wie es mir bestimmt ist. Es ist alles zusammen mit Schicksal verbunden, und meiner Ansicht nach gibt es ein höheres Wesen, und das führt mich immer wieder. Wenn man nur aus dem Fenster schaut und sieht, wie die Natur alles eingerichtet hat, die Käfer, Mükken und alles – es muß irgendwie eine Quelle dafür gewesen sein.

Das Leben, das ich jetzt habe, ist nicht richtig irdisch, das ist irgendwie ein bißchen abgehoben.

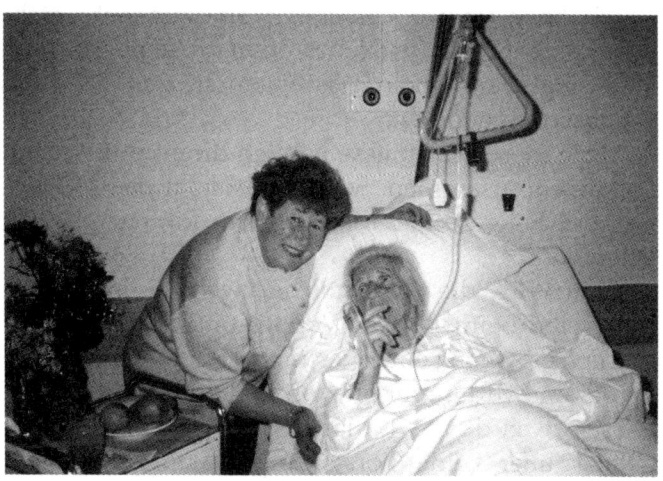

Barbara im Spital mit Ellbogenbruch,
Besuch von Frau Konrad aus Duisburg,
Schwarzach 1996

Mein Jungbrunnen

Wenn ich nachdenke, was mich jung erhält mit meinen 88 Jahren, dann muß ich sagen, daß das aus verschiedenen Quellen eines Brunnens kommt.

Das sind zum einen meine Kinder, die zu mir halten. Dann zum anderen, und das habe ich ja schon häufig erwähnt, die mit meinen Büchern verbundenen Lesungen und neuen Begegnungen in den letzten zehn Jahren. Die vielen Lesungen haben meinen Horizont erweitert und mir viel Selbstbestätigung gegeben. Und nicht zuletzt hat mir das Bergsteigen viel Auftrieb gegeben. Dadurch hat ein neues Leben angefangen, und meine Sorgen und Leiden sind in den Hintergrund getreten. Dieses ist nun das letzte Buch, ein weiteres wird es nicht geben, das weiß ich sicher.

Ich habe immer versucht weiterzugehen, nicht stillzustehen und für Neues offen zu sein. Am meisten siegt dann mein Wissensdurst, den habe ich schon von Jugend an.

Viele dieser Erlebnisse hängen direkt mit meinen Lesungen zusammen. So zum Beispiel das Miterleben der Feier zum 1. Mai auf dem Rathausplatz in Wien.

Frau Waß, die Autorin von zwei Bänden in der Buchreihe beim Böhlau Verlag, und ich waren zu dieser Zeit wegen einer Lesung in Wien. Ich habe bei Professor Mitterauer gewohnt. Ich wollte einmal wissen, was da am 1. Mai los war. Ich habe davon gehört, aber keine Vorstellung davon gehabt. Ich war erstaunt, was es in Wien alles gab. Ich habe vor dem Rathaus den Aufmarsch der Vereine und Parteien in den Uniformen erlebt, seit langer Zeit, ja seit dem Zweiten Weltkrieg habe ich keine Aufmärsche von so vielen Menschen mehr gesehen. Da bin ich aus dem Staunen nicht mehr herausgekommen. Staunen über so viele Leute, über die Politik. Ich habe mich eigentlich nicht wohl in meiner Haut gefühlt.

Irgendwie hat es mich schon an das Jahr 1938 erinnert, auch wenn es ein völlig anderer Zusammenhang war. Im 38er Jahr habe ich in Filzmoos die erste große politische Demonstration erlebt, da war ich
am Bögrein. Ich habe beim Tenn auf die Straße geschaut, durch die Schlitze der Holzwand, damit
mich niemand sieht, habe ich alles beobachtet. Da
habe ich die Leute marschieren und singen hören,
und ich habe mir gedacht: „Alle sind deppert geworden." Mir war das absolut nicht recht. Ich habe
gedacht, da müßte etwas dahinterstecken. Ich hatte
ein ungutes Gefühl, die Sorge um meine Brüder. Ich
wußte natürlich nicht, daß ein Krieg kommen würde. Ich war immer allein unter Erwachsenen, hatte
Angst vor Menschenansammlungen.

Dieser 1. Mai war im Jahr von Tschernobyl, als bereits die von dem Atomunfall verseuchte Luft über
Wien stand und alle Menschen im Freien waren. Die
Bevölkerung wurde vor der Atomgefahr gewarnt, es
wurde Müttern mit Kindern geraten, nicht mehr
nach draußen zu gehen, den Sand im Sandkasten
auszuwechseln und so weiter. Diese Atomgefahr ist
inzwischen allen bewußt geworden, und es werden
von vielen große Anstrengungen unternommen, um
das Risiko eines weiteren Atomunfalles so gering
wie möglich zu halten. Tschernobyl hat gezeigt, wie
klein und verletzlich die Welt ist.

Ja, und in Wien sprach der Bundeskanzler Kreisky
in seiner Funktion als Alt-Bundeskanzler und SPÖ-
Ehrenvorsitzender. Der hat mir gut gefallen. Es ist
mir vorgekommen, daß er gern das Versöhnliche
will und keinen Streit. Ich wußte, daß er auf Mallorca ein Haus hatte, und ich dachte mir, wenn ich ein-

mal nach Mallorca käme, dann würde ich mir das Kreisky-Haus anschauen. Das ist mir in dem Jahr, als ich das erste Mal mit meinem Sohn dort war, nicht gelungen. Das ist sich nicht ausgegangen. Wir waren am Kalvarienberg und mit dem Leihauto viel unterwegs. Mein Sohn sagte mir, daß dieses Haus nichts besonderes wäre. Wir haben anderweitig viel angeschaut, so die Tropfsteinhöhlen, und haben Wanderungen gemacht. Ich habe da eine neue Welt kennengelernt.

Wenn ich wieder nach Mallorca kommen sollte, schau ich mir das Kreisky-Haus sicher an. Ich hätte jetzt nichts dagegen, wenn ich über den Winter auf Mallorca bleiben könnte. Hier sind mir die Wintermonate zu lang und zu rauh, im Alter ist mir die Wärme angenehmer. Früher habe ich das bei weitem nicht so empfunden. Bis Mitte Mai muß man hier immer noch mit Schnee und Kälte rechnen. Früher, auf dem Haidegg auf über 1300 Metern, war immer wieder Schnee und viel Wind. Im Ort ist es da schon viel besser. Ich darf gar nicht daran denken, was ich alles mit meinen Händen auf den Berg geschleppt habe, zwei Taschen, einen Rucksack, ohne Gepäck ging ich da nie.

Die Lesungen haben mir viel darüber hinweggeholfen, von dieser Trennung vom Haidegg. Ich wollte ja dort oben sterben. Das Bergsteigen und die Lesungen haben mich aufgebaut.

Mein Motto ist, daß man bis ins hohe Alter – eigentlich das ganze Leben lang – immer dazulernen muß.

Ich habe Verständnis dafür, daß sich die Welt dreht, daß sich ein starker Wandel abspielt. Ich lese manchmal bei Senioren in Altenheimen. Und da beobachte ich bei Lesungen schon ältere Menschen, die teilnahmslos dasitzen, sich für nichts interessieren. Daß das anders ist, das muß sich der Mensch selber schaffen, das kann ihm niemand geben. Das ist ein hartes Stück Arbeit, leichter ist es, die Flügel hängen zu lassen. Manche haben eine fürchterliche Zukunftsangst. Ich meine, wer den Ersten und den Zweiten Weltkrieg überlebt hat, der braucht sich nicht zu fürchten. Für mich ist das die Botschaft, daß man als alter Mensch Schritt halten muß, daß man immer weitergehen und sich entwickeln muß. Wenn man nicht mehr viele Schritte macht, dann kennt man sich nicht mehr aus in der Welt.

In bezug auf das Schreiben habe ich mir am Anfang schon überlegt, daß ich mir eine Schreibmaschine anschaffen und das Maschinenschreiben lernen könnte. Aber dann habe ich mich dagegen entschieden. Denn mir war meine Handschrift wichtig.

Eigentlich habe ich ja in Kurrentschrift geschrieben, und viele meines Alters sind dabei geblieben. Ich habe umlernen müssen, wie meine Kinder in die Schule gekommen sind. Ich hatte den Vorteil, daß ich in der Volksschule beim Oberlehrer Stracker die Lateinschrift lernen konnte. Es war damals eigentlich dem Lehrer verboten, die Lateinschrift zu unterrichten. Er hat einige von uns, die leichter gelernt haben, so sieben oder acht Kinder, so um 1923/24 am Nachmittag außerhalb des Unterrichts separat unterrichtet. Es sind immer weniger Kinder geworden, und es hat sich wieder aufgehört. Ich habe die Lateinschrift damals schon gut gekonnt, aber nachher nie mehr verwendet.

Erst als meine eigenen Kinder in die Schule kamen, ist mir die Lateinschrift wieder wichtig geworden.

Denn meine Kinder haben die Kurrentschrift überhaupt nicht mehr gelernt. Ich habe ihnen manchmal beim Aufsatzschreiben helfen müssen, das habe ich gerne gemacht. Vor allem wenn sie einen Ausflug gemacht haben und darüber einen Aufsatz schreiben mußten, da habe ich sie über ihre Erlebnisse befragt und ihnen beim Formulieren geholfen. Der Sohn Franz wurde bei einem Ausflug einmal von einem Hund ganz arg gebissen, er konnte an diesem Tag nicht nach Hause kommen.

In den Weihnachtsferien mußten die Kinder einen Aufsatz schreiben. Die drei Buben mußten die ganzen Ferien mit meinem Mann Getreide dreschen, schon mit der Dreschmaschine damals. Sie hatten überhaupt keine Zeit, einen Aufsatz über Weihnachten zu schreiben. Da habe ich ihnen den Aufsatz vorgeschrieben, und sie mußten ihn dann nur mehr abschreiben. Das war für sie eine Erleichterung, denn ich war froh, daß sie meinem Mann so fleißig geholfen hatten.

Von da weg habe ich dann nur mehr die Lateinschrift verwendet, und meine Handschrift hat dann eine zackige Form gehabt. Es macht mir jetzt zu schaffen, wenn ich in Kurrent schreiben will.

Oftmals habe ich die Kinder mit einem Zettel in den Ort einkaufen geschickt, da wäre es egal gewesen, ob in Latein oder Kurrent.

Die aktuelle Rechtschreibreform halte ich für einen reinen Blödsinn, das kostet so viel, und unsere Schriftsprache ist ja eine schöne und ausführliche. Es ist nämlich die Frage, ob es überhaupt eine Vereinfachung ist. Man weiß jetzt ja eh nicht, ob diese Reform letztlich durchgeht. Ich frage mich, wie man so hohe Kosten rechtfertigen kann.

Es hat sich in den letzten Jahrzehnten so viel geändert, wo doch früher jahrhundertelang alles gleich geblieben ist.

Ich lese jetzt viel über den Kaiser Franz Joseph und die Sisi, oft komme ich ja nicht dazu.

Zum Lesen habe ich nicht immer genug Zeit, denn ich muß die Briefe und Karten alle beantworten. Mit meiner Weihnachtspost muß ich bald anfangen, denn sonst komme ich nicht mehr zu allen. Viele Briefe bleiben liegen, die kommen erst im Jänner und Februar dran.

Jetzt habe ich neue Augengläser bekommen, jetzt kann ich wieder gut lesen. Diese Brille habe ich erst letzte Woche bekommen, und am ersten Abend habe ich dann gleich bis um halb zwei in der Nacht gelesen, die Zeitungen, Illustrierten und alles, was so liegen blieb.

Ich habe schon außertourliche Einfälle, ich spinne, sagen manche. Außergewöhnlich sind sie eigentlich nur für meine Generation und meine Herkunft. Das stimmt sowohl für die Trennung von meinem Mann als auch für die Annahme meines Mädchenamens. Weil ich eben immer nachdenke, für das Moderne bin, meinen Weg selber suche, weil ich andere Wege betrete, deshalb bin ich außergewöhnlich geworden.

Da denke ich manchmal an andere über 80jährige, die interessieren sich für nichts mehr, die nehmen alles hin. Manche sagen: „Ich verstehe nicht, warum du so weit rumfährst, den Streß von Lesungen auf dich nimmst." Wenn ich das nicht getan hätte, wäre ich nicht bekannt.

Daß ich anders bin als andere, das ist meine Stärke, das hält mich jung. Das war schon in meiner Kindheit so. Damals mußte ich das aber unterdrücken, ich mußte vieles ertragen und zurückstecken.

Erst in den letzten zehn Jahren kann ich mir mein Anderssein leisten. Heute wird jedem Menschen zugestanden, daß er Individualist ist, das macht es vielen auch schwer, diese Qual der Wahl. Die Gesellschaft verlangt dies heute von einem Menschen. Das, was ich früher machen mußte – da hatte ich keine Wahl, da war alles festgelegt.

Alte Leute wundern sich, aber junge haben für mich mehr Verständnis. Bei Lesungen haben mir Leute, die von 50 auf die 60 zugehen, gesagt, daß sie das auch einmal machen werden, daß sie ihr Leben aufschreiben und sich immer für Veränderungen offenhalten werden. Jüngere sagen mir, daß sie ihre Eltern nicht dazu bringen, daß sie die Traditionen ablegen oder daß sie die Hierarchie abbauen. Heute müssen alte und junge Leute immer mitlernen, sie können nicht im Alten verhaftet bleiben.

Im Alter den Himmel auf Erden

Ich werde oft gefragt, wie ich mir meine restlichen Lebensjahre vorstelle. Ja, wenn mir das Glück beschieden ist, daß ich gesund bin, dann ist dieses Lebensalter ein geschenkter Lebensabschnitt für mich. Ich kann überall hin, kann mir selbst das kochen, wozu ich Gusto habe, ich esse alles, Gemüse, Obst, Schaffleisch oder Hendl. Wenn mir der Gusto danach ist, koche ich mir selber. Das schätze ich schon sehr, denn wenn ich länger auswärts bin und ich muß wie bei meinem Urlaub in Südtirol ins Gasthaus gehen und immer dort essen, das paßt mir mit der Zeit nicht. Ich mag mir lieber irgendwie selber was Einfaches machen wie Grießbrei, Polenta, gekochte Erdäpfel mit Milch und Butter. Da ließe ich Schnitzel, Schweinsbraten oder Beefsteak, wie das heißt, liegen, wo noch das Blut wegrinnt, da kann ich gar nicht hinschauen, wenn das jemand ißt. Das ist mein Glück, daß ich mir das Essen selber machen kann. So lange ich das kann, bin ich glücklich.

Ich frage mich manchmal, wo wäre es noch schöner? Im Himmel kann es gar nicht so schön sein, weil ich das nicht mehr habe. Das ist natürlich eine andere Welt.

Trotz allem, was mir im Leben passiert ist, habe ich eigentlich jetzt die schönste Zeit. Denn ich kann im Alter sorglos leben und mir vieles leisten. Ich kann weggehen, wenn ich will, ich kann wandern, bergauf ist mir natürlich am liebsten – und was sollte ich mir eigentlich noch Schöneres wünschen? Ich habe ja quasi den Himmel hier auf Erden.

Es ist so wichtig, daß man im Alter aktiv ist. Ich denke da nicht bewußt nach, ich bin immer beschäftigt. Da muß ich jemandem schreiben, dort eine Antwort geben. Dann erinnere ich mich und schreibe meine Erlebnisse auf. Man muß immer denken.

Es hat keinen Sinn, sich nur zu erinnern, wie es früher war, so wie ich früher Bergbäuerin gewesen bin und jetzt nur eine Wohnung habe. Das ist total verwerflich, weil man muß immer wieder lesen. Ich habe die Kronen-Zeitung abonniert und lese andere Hefte, da bleibt einem ja auch der Geist rege. Das ist so wichtig. Wenn man sich hinsetzt und in ein Loch hineinstiert, dann muß ja alles zurückgehen. Das gibt es gar nicht anders.

Ich mache, was mir der Arzt empfiehlt, wegen meiner empfindlichen Haut. Bewegung mache ich viel, das ist ein wichtiger Teil in meinem Leben, daß ich hinausgehen kann, herumgehen, irgendwo hinauf auf die Berge. Manchmal gehe ich auch erst abends weg und komme um Mitternacht nach Hause. Bei Mondschein gehe ich gemütlich den Seniorenweg, betrachte alles, da ist es manchmal elf, halb zwölf, bis ich nach Hause komme. Da bin ich wieder befriedigt, ich war im Wald und in der Natur oder auf Steigen, die ich von früher vom Beerenpflücken kenne. Vom Beerenpflücken bekomme ich Kreuzschmerzen, das kann ich heute nicht mehr so machen. Aber Dinge, die ich körperlich noch leisten kann, die mache ich.

So funktioniert mein Körper halbwegs. Es geht in diesem Alter nicht mehr aufwärts, ich kann keine Muskeln trainieren oder Kräfte steigern, ich habe ja nur mehr ein Drittel meines Magens seit der Operation. Es geht darum, daß man seine Kräfte erhalten kann. Und das kann man durch Bewegung, durch Interesse und Freude, das ist viel wert. Und das Denken ist überhaupt viel wert, da sind die positiven Gedanken zu bevorzugen, denn mit den negativen Gedanken kommt man nicht weit. Da habe ich oft den Eindruck, daß viele zu wenig Positives denken oder gar nicht denken. Oftmals stelle ich mir vor, warum denkt der Mensch nicht darüber nach. Jeder ist ein andere Menschentyp, und ich glaube daran, daß es so wichtig ist, körperlich und geistig fit zu bleiben.

Altern in Würde, das ist nicht mein Motto. Ich bin aktiv, möchte meine Fitneß erhalten und positiv denken und lebhaft bleiben.

Offiziell bin ich in Pension gegangen, als wir den Hof an den Sohn verpachtet haben. Ich würde jedem raten, der in Pension ist, daß er selber aktiv bleibt, auch wenn er nicht mehr so viel leisten kann. Es ist sehr wichtig, daß man ein Selbstwertgefühl hat, denn wenn man sich selber fallenläßt, dann ist es bald aus. Das Befassen mit der eigenen Vergangenheit, aber ohne daß man sich nur in die Vergangenheit einspinnt, ist für mich sehr belebend.

Ich ziehe aber die Vergangenheit immer herüber bis in die Gegenwart, ich bleibe nicht in den Erinnerungen stecken. Ich gehe die Veränderungen von der positiven Seite an, ich freue mich, daß ich jetzt, im hohen Alter, ein gutes Leben habe. Ich glaube, es erhält mich jung, wenn ich am heutigen Leben Anteil nehme. Viel bringt mir, daß ich mir alles selber mache. Viele alten Leute werden bedient, sie bekommen das Essen serviert. Man kann sich aktiv erhalten, wenn man sich alles selber besorgen, kochen und abwaschen muß. Oder auch, daß ich beim Oberschenkelhalsbruch über die Stiegen gehen mußte, auch wenn es noch so weh tat. Ich habe nicht gleich aufgegeben und gesagt, daß ich dazu zu alt wäre.

Auch jetzt, nach dem Bruch des Ellbogens, hat mich anfangs meine Wohnungsnachbarin immer frisiert. Einmal bekam ich vormittags Besuch, und die Nachbarin war nicht da, da habe ich es selber probiert, mich zu frisieren und einen Zopf zu machen. Mir sind die Tränen gekommen vor lauter Schmerz, aber es ist mir gelungen, und seither mache ich es wieder selber. Man muß sich zwingen, solche alltäglichen

Dinge zu tun, man darf sich nicht gehenlassen. Wenn alte Leute ins Altenheim kommen, brauchen sie nichts mehr zu tun, sie werden bedient.

So lange ich mir alles tun kann, werde ich das machen. So lange bleibe ich rege. Natürlich weiß man nie, was noch einmal kommen wird.

Ich würde allen alten Menschen raten, doch ihre Erinnerungen aufzuschreiben, denn Schreiben bringt so viel. Es ist für die Nachkommen wichtig, die Familiengeschichte zu kennen.

Bei mir ist es so, daß ich nicht draufkommen kann, warum meine Vorahnen von Seekirchen nach Filzmoos gekommen sind. Das tut mir leid, daß es darüber keine Aufzeichnungen gibt. Die Leute, speziell in den Bergen, waren verschwiegene Leute, die keine Idee zum Schreiben hatten.

Über den eigenen Tod denke ich schon öfter nach. Ich glaube, ich freue mich darauf, weil ich fest davon überzeugt bin, daß ich zu meiner Mutter kommen werde, die ich nicht gekannt habe. Ich bin der Anschauung, weiß aber nicht, ob das richtig ist oder nicht, daß ich sie alle treffe: meine Geschwister, die Ziehgeschwister, meine Ziehmutter. Da stelle ich mir vor, wie ich mich freuen würde.

Ich habe vor dem Sterben überhaupt keine Angst, nur vor dem Leiden davor. Das wäre für mich schrecklich. Schon deswegen, weil ich nicht mehr herumrennen könnte, wenn ich bettlägerig wäre, das wäre furchtbar. Sonst habe ich vor dem Sterben kein bißchen Angst, im Gegenteil, ich freue mich. Ich stelle mir vor, es ist auf die Art wie das Schwebegefühl auf dem Berggipfel. Das ist ein so leichtes Gefühl, man spürt nichts mehr, keinen Schmerz, keinen

Kummer, das muß so sein. So stelle ich mir das Sterben vor. Davor habe ich keine Angst.

Einige werden sagen, die spinnt oder die hat gesponnen. Auch wenn ich bei Lesungen von meinen Selbstmordgedanken erzähle. Aber das war so, daß ich mir damals nicht helfen konnte.

Wenn ich bettlägerig wäre, würde ich mir wünschen, daß mir der Arzt ein Mittel gäbe, daß ich einschlafen und sterben könnte, wenn keine Aussicht auf eine Heilung bestünde. Das künstliche Weiterleben wäre für mich nichts. Es sollte so normal sein, wie es früher war, als die Leute kein künstliches Weiterleben kannten, da war es ein natürliches Abschiednehmen. Ich sage bei Begräbnissen oft zu den Angehörigen: „Nicht trauern, denen geht es besser als auf der Welt. Wir kommen ja wieder zusammen, nur dauert es bei manchen länger. Jeder kommt dorthin."

Es bleibt auf der Welt keiner über, da können die Wissenschaftler machen, was sie wollen, das ist alles Pfusch, was sie machen: irgendwie das Leben verlängern, durch Operationen, ja, das ist schon vorgesehen. Wenn bei mir einmal keine Aussicht auf Heilung und Gesundung bestünde, da wäre mir lieber, ich könnte sterben.

Entscheiden müßte dies mein Hausarzt, ihm würde ich wirklich vertrauen. Das ist nicht in meiner Macht, das ist nur ein Wunsch von mir. Darüber habe ich mit meinem Hausarzt aber noch nicht gesprochen.

Meine Ziehschwester hat im Alter immer Aufbauspritzen bekommen, konnte dann aus dem Bett und ein bißchen rumgehen, aber nach einer gewissen Zeit war die Wirkung wieder weg.

Mein letzter Ruheort

Wenn ich sterbe, gibt es ein Testament. Ich möchte vermeiden, daß gestritten wird. Ich denke, ich tue das Richtige. Ob es wirklich das Richtige ist, das weiß man ja selber nicht. Alles, was auf dem Haidegg ist, das bleibt auch dort. Ich habe es meinem Sohn Hans 1987 überschrieben.

Früher wollte ich auf dem Haidegg sterben.

Ich möchte kein riesiges Begräbnis. Ich denke nicht oft daran, denn ich will ja leben und nicht sterben. Aber oft überlege ich, ob ich es nicht so wie mein Mann und mein verstorbener Sohn machen soll. Sie haben ihren Körper dem anatomischen Institut vermacht. Da bin ich mir nicht klar. Mein Sohn Franz, mit dem ich über dieses Thema redete, hat gemeint, das müßte ich selber entscheiden. Es stört mich, daß es dann gar kein Grab von mir gibt. Aber es ist hier in Filzmoos niemand von meinen Angehörigen, der es pflegen würde.

Das Grab meiner Schwester ist hier, das ist gut gepflegt. Wenn ich dort begraben werden will, da müßte ich erst auf dem Bögrein fragen. Meine Ziehmutter hat meinen Ziehbruder im Ersten Weltkrieg von Wien nach Filzmoos bringen lassen. Er ist im Lazarett in Wien an einer Kriegsverletzung gestorben. Mit hohen Kosten wurde er hierher transportiert, das war wirklich teuer, denn in jeder Gemeinde, durch die der Sarg gefahren wurde, mußte man etwas bezahlen. Er kam in einem Metallsarg und ist damit eingegraben worden, im März 1918. Da, wo meine Schwester begraben ist, da hat es geheißen, da kann niemand drauf eingegraben werden. Sie ist

1955 gestorben. Der Metallsarg müßte noch drinnen sein, und vielleicht kann dort niemand eingegraben werden.

Da gibt es noch einen anderen Grabplatz am Filzmooser Friedhof, der würde mir auch gefallen. Und zwar ist dies der Platz neben der Kirche, dort befindet sich ein einzelnes Grab. Das ist der Steiner Franz aus Ramsau. Da schätze ich das Einsame, da würde ich separat von den anderen neben ihm liegen und ihm ein bißchen Gesellschaft leisten. Der Steiner ist um 1980 gestorben, den habe ich gekannt, er hat im selben Jahr wie wir geheiratet.

Schließlich ist mir der Gedanke mit der Anatomie auch nicht unangenehm.

Mein Sohn Sepp hatte diesen Wunsch, denn er hatte eine schwere Krankheit, an der er jung gestorben ist. Er hatte die Idee, daß er mit Studien an seinem Körper vielleicht jemanden retten könnte. Auch mein Mann, der 1996 gestorben ist, hat seinen Körper der Anatomie vermacht. Die Leiche des einen ist nach Innsbruck gekommen, die des anderen nach Graz. So gibt es von beiden kein Grab.

Ich überlege noch. Vielleicht komme ich nach Salzburg oder nach Wien und trete so meine letzte Reise an.

BILDNACHWEIS

„Damit es nicht verlorengeht ..."

Bücher von
Barbara Passrugger

18: Barbara Passrugger, **Hartes Brot.** Aus dem Leben einer Bergbäuerin. Bearb. v. Ilse Maderbacher. 1989. 188 S. m. 8 S. SW-Abb. Geb. ISBN 3-205-05227-7
Eine bäuerliche Gemeinde am Fuße des Dachsteins, alter Tradition verhaftet; der Oberhof, ein jahrhundertealtes Anwesen mit viel Gesinde und immer gleichen Arbeits- und Alltagssituationen; die Kirche, in der man sich regelmäßig trifft – ein Kind, das sich trotz harter Lebensbedingungen in dieser Welt geborgen fühlt, sie mit hoher Sensibilität wahrnimmt; der Zwang der Normen, die sie später überwindet: das Leben der Barbara Passrugger, von ihrer Geburt in Filzmoos 1910 bis zu ihrer Hochzeit 1946.

27: Barbara Passrugger, **Steiler Hang.** Bearb. u. m. einem Nachwort v. Georg Hellmich. 1993. 114 S., 12 S. Farb- u. SW-Abb. Geb. ISBN 3-205-98040-9
Die Salzburger Autorin setzt die Erzählung ihres arbeitsreichen und schweren Lebens ab 1946 fort.

Barbara Passrugger, **Die Berge – Meine Lebenswelt.** Herausgegeben v. Georg Hellmich. Mit Fotos v. Gert Hellmich. 1994. 148 S., 61 Farb- u. 76 SW-Abb. Geb. ISBN 3-205-98223-1
Barbara Passrugger erzählt in diesem Bildband von ihrer Liebe zu den Bergen, und wie die alpine Landschaft ihre Lebens- und Arbeitswelt, mit all ihren positiven und negativen Seiten, geprägt hat. Eindrucksvolle Bilder zeigen Barbara Passrugger sowohl bei ihrer bäuerlichen Tätigkeit als auch bei ihren Bergtouren.

Böhlau Verlag Ges.m.b.H. und Co.KG., A-1201 Wien

„Damit es nicht verlorengeht..."

Herausgegeben von
Michael Mitterauer und Peter P. Kloß

Böhlau Verlag Ges.m.b.H. und Co.KG., A-1201 Wien

34: Jürgen Ehrmann (Hrsg.), **Was auf den Tisch kommt, wird gegessen.** Geschichten vom Essen und Trinken. 1995. 207 S. m. 12 S. SW-Abb. Geb. ISBN 3-205-98370-X

35: Kristina Popová (Hrsg.), **„Ein roter und ein weißer Zwirn".** Jugend auf dem Balkan. 1996. 132 S. mit 16 S. SW-Abb. Geb. ISBN 3-205-98430-7

36: Erhard Chvojka / Jana Losová (Hgg.), **Großväter.** Enkelkinder erinnern sich. 1997. 243 S. mit 8 S. SW-Abb. Geb. ISBN 3-205-98170-7

37: Pavla Vošahlíková, **Von Amts wegen.** K. k. Beamte erzählen. 1998. Ca. 264 S. m. 8 SW-Abb. Geb. ISBN 3-205-98418-8

38: Gert Dressel / Günter Müller (Hgg.), **Geboren 1916.** Neun Lebensbilder einer Generation. 1996. 456 S. mit 16 S. SW-Abb. Geb. ISBN 3-205-98492-7

39: Agota Bartnykaité-Savickiené, **„Ein Dorf zwischen großen Wäldern".** Übersetzt, bearbeitet und mit einem Nachwort versehen von Manfred Klein. 1997. 309 S. m. 8 S. SW-Abb., 2 Karten, 2 Skizzen u. 1 Faksimile. Geb. ISBN 3-205-98613-X

40: Maria Schuster, **Auf der Schattseite.** Bearbeitet und mit einem Vorwort versehen von Günter Müller. 1997. 297 S. m. 19 SW-Abb., 2 Stammtafeln. Geb. ISBN 3-205-98781-0

41: Anna Hartmann, **Erinnerungen einer alten Wienerin.** Herausgegeben und bearbeitet von Erika Flemmich. 1998. 442 S. m. 23 SW-Abb., 1 Stammtafel. Geb. ISBN 3-205-98848-5

42: Peter Gutschner (Hg.), **„Ja, was wissen denn die Großen . . .".** Arbeiterkindheit in Stadt und Land. 1998. 371 S. m. 20 SW-Abb. Geb. ISBN 3-205-98916-3

Weitere Bände sind in Vorbereitung

Böhlau Verlag Ges.m.b.H. und Co.KG., A-1201 Wien